朋霍费尔的人生智慧

源自十架，为这世界

BONHOEFFER ON THE CHRISTIAN LIFE

FROM THE CROSS, FOR THE WORLD

史蒂芬·尼克尔斯（Stephen J. Nichols）/ 著　金笑慧 / 译

上海三联书店

朋霍费尔的人生智慧
BONHOEFFER ON THE CHRISTIAN LIFE
FROM THE CROSS, FOR THE WORLD

何等欣喜，看到史蒂芬·尼克尔斯这样优秀的思想家，将其才华展现于研究无与伦比的迪特里希·朋霍费尔的人生与思想中。关于这位伟人有太多的宝藏有待采掘，想必读者已经翘首以待了！

——埃里克·梅塔萨斯（Eric Metaxas）

《朋霍费尔：牧师、殉道者、先知、间谍》作者

书中呈现了迪特里希·朋霍费尔的故事和榜样，沉浸其中会令你心动不已。史蒂芬·尼克尔斯甚至将一个悠长而复杂的人生，带入到我们持续的个人应用当中。这本书催促我为一种勇气祈祷，这种勇气唯独来自与永在至圣者的热切相交。拿起来读并从中得力吧！

——拉塞尔·D. 摩尔（Russell D. Moore）

《坚守立场》作者

"人的软弱为上帝的恩典铺路。"史蒂芬·尼克尔斯论及朋霍费尔作为基督徒人生的向导时如此写道。然而,一个勇于抵抗希特勒的人怎么能被认为是软弱的呢?这正是朋霍费尔的魅力所在,也是他值得我们关注的原因。尼克尔斯很有帮助地把朋霍费尔以基督为中心的洞见引向了我们需要在恩典中成长的议题上,比如忏悔、自由和爱。

——科林·汉森(Collin Hansen)

《提摩太·凯勒》作者

朋霍费尔是一个独特的人,他深谙信念与同情、清晰与模糊、叙事与诗歌的力量。他也强有力地提醒我们,一切神学都是**活出来的**。史蒂芬·尼克尔斯以此书带我们进入朋霍费尔复杂的生命世界,对十架、团契和永活之道等这些重要主题,提供了丰富的真知灼见。从中读者得以发现公正的历史重构与睿智的教牧劝慰的奇妙结合。

——凯利·卡皮克(Kelly M. Kapic)

《盼望的实现》作者

献给艾伦·费舍（Allan Fisher）

纪念他数十年投身于出版事业
为他的友谊感恩

目 录

第一部分 导言

第二部分 根基

第三部分 操练

第四部分 生活

第五部分　文献

总 序

也许有人会说我们是备受宠爱的一代人。在今天这个时代里，我们拥有许多重要扎实的关于基督徒生活的资源。图书、系列DVD、网上资料、研讨会，这一切有助于激励我们每日与基督同行的资源，唾手可得。今天的平信徒，就是坐在教堂里的人们，可利用的信息要比过去几个世纪里学者们所梦想的还多。

然而，尽管我们拥有丰富的资源，我们却也缺乏一些东西。我们往往缺乏历史的视角，缺乏站在一个与自己不同的时间与地点看问题的视角。换句话说，我们在当下的视线里有太多的财富，使得我们不去看过去。

这是一件很不幸的事，特别是涉及学习如何实践做基督的门徒。这就像我们拥有一个豪宅，却选择只待在一个房间里。而这个系列就是邀请您来探索其他房间。

在这趟探索旅程中，我们将访问不同于我们今天的地点和时代，也将看到不同的模型、方法和重点。这个系列的目的并非不加批判地复制这些模型，也并不打算把这些过去的人物捧上高位，好

像他们属于超级基督徒一族。这个系列的意图是为了帮助现在的
我们聆听过去。我们相信,在过去二十个世纪的教会里是存有智慧
的,就是如何过基督徒生活的智慧。

史蒂芬·尼克尔斯和贾斯汀·泰勒
(Stephen J. Nichols and Justin Taylor)

致 谢

　　买书会欠债,写书也是如此。作为本书作者,我欣然欠下这许多的恩情债。感谢直接或间接就此书给我各种帮助的朋友,包括凯思·克鲁格(Keith Krueger)、提姆·拉森(Tim Larsen)、克里斯·拉尔森(Chris Larson)、肖恩·卢卡斯(Sean Lucas)和杰夫·特瑞姆巴斯(Jeff Trimbath)。感谢戴尔·莫特(Dale Mort)审阅初稿,提出许多有帮助的建议与修正意见。

　　兰卡斯特圣经学院(Lancaster Bible College)大力支持我的工作,为此我感激不尽。特别感谢彼得·提格(Peter Teague)博士和菲利普·迪尔伯恩(Philip Dearborn)博士对我持续不断的鼓励。也要感谢我的学生们,在过去三年间他们几乎在每一堂课上都引入朋霍费尔的话题,即使并非出于刻意。尤其感谢迈克尔·鲍尔(Michael Bauer)和安得烈·基南(Andrew Keenan),他们校读了最后阶段的书稿。谢谢你们。

　　Crossway 出版社的汤姆·诺塔罗(Thom Notaro)是一位机敏审慎的编辑。还有本丛书的联合编辑贾斯汀·泰勒(Justin

Taylor)，也是我非常宝贵的朋友。我想对贾斯汀说，能够与你在这套丛书、尤其是这本书的写作出版上同工，于我实在是件开心的事。再次感谢你！

我也深深感谢我的家人。他们积极对待所有有关此书的事宜。特别要感谢海蒂(Heidi)，谢谢你。

最后，我也需要开始回报艾伦·费舍(Allan Fisher)的恩情。几十年来，艾伦坚持不懈地专注于出版事业，先是在Baker出版社，然后在长老会与改革宗出版社(P&R)，最近八年在Crossway出版社。艾伦鼓励我开始著书出版，在随后十二年的写作征程中，我的每一次迈步，他都慷慨相助。和许许多多的作者、读者一样，我们都受恩于艾伦。朋霍费尔曾说，一些特定时刻里我们根本无法表达自己，那些时刻"所有说出盛大词句的渴望都会全然消失"。所以，请允许我在这里简单地对你说：艾伦，谢谢你。

缩略语

DBWE 1   *Dietrich Bonhoeffer Works*, English edition. vol. 1, *Sanctorum Communio*

DBWE 2   *Dietrich Bonhoeffer Works*, English edition. vol. 2, *Act and Being*

DBWE 3   *Dietrich Bonhoeffer Works*, English edition. vol. 3, *Creation and Fall*

DBWE 4   *Dietrich Bonhoeffer Works*, English edition. vol. 4, *Discipleship*

DBWE 5   *Dietrich Bonhoeffer Works*, English edition. vol. 5, *Life Together and Prayerbook of the Bible*

DBWE 6   *Dietrich Bonhoeffer Works*, English edition. vol. 6, *Ethics*

DBWE 7   *Dietrich Bonhoeffer Works*, English edition. vol. 7, *Fiction from Tegel Prison*

DBWE 8   *Dietrich Bonhoeffer Works*, English edition. vol. 8, *Letters and Papers from Prison*

DBWE 9   *Dietrich Bonhoeffer Works*, English edition. vol. 9, *The Young Bonhoeffer: 1918 - 1927*

DBWE 10   *Dietrich Bonhoeffer Works*, English edition. vol. 10, *Barcelona, Berlin, New York: 1928 - 1931*

DBWE 11   *Dietrich Bonhoeffer Works*, English edition. vol. 11, *Ecumenical, Academic, and Pastoral Work: 1931 - 1932*

DBWE 12 *Dietrich Bonhoeffer Works*, English edition. vol. 12, *Berlin:*
1932 – 1933

DBWE 13 *Dietrich Bonhoeffer Works*, English edition. vol. 13, *London:*
1933 – 1935

DBWE 15 *Dietrich Bonhoeffer Works*, English edition. vol. 15, *Theological*
Education Underground: 1937 – 1940

DBWE 16 *Dietrich Bonhoeffer Works*, English edition. vol. 16, *Conspiracy*
and Imprisonment: 1940 – 1945

LPP   Dietrich Bonhoeffer, *Letters and Papers from Prison*, Enlarged
edition. Edited by Eberhard Bethge. New York: Simon & Schuster,
1997.

LT   Dietrich Bonhoeffer, *Life Together*. Translated by Jon W.
Doberstein. San Francisco: Harper, 1954.

注:英文版《迪特里希·朋霍费尔著作集》(*Dietrich Bonhoeffer Works*)由 Minneapolis Fortress 出版社发行,译自十六卷德文版 *Dietrich Bonhoeffer Werke*, ed. Eberhard Bethge et al. (Munich: Christian Kaiser Verlag, 1986 – 1999)。

导言

第一部分

今天我原本应该去学习打高尔夫球。

——迪特里希·朋霍费尔，

写给哥哥卡尔-费德里希·朋霍费尔,费城,1930 年

第一章　与朋霍费尔相遇

> 我相信，我所遭遇的任何事都不会没有意义。事与愿违反倒更能够带给我们益处。我认识到自己当下的存在是为着一个目标，而我此刻的身份提供了实现目标的唯一机会。
>
> ——迪特里希·朋霍费尔①

1939 年 7 月一个炎热的夏日，*迪特里希·朋霍费尔走下"不来梅号"（Bremen），踏上纽约港码头。那年的纽约港十分繁忙，纽约市正在主办世界博览会（World's Fair），但这个活动几乎因世界大战即将到来这一紧张局势而黯然失色。到了 9 月，一支美国海军舰队进驻纽约港口施行保护，海岸沿线也已布设水雷以抵御德国潜艇的攻击。不过，朋霍费尔对这种紧张局势已十分熟悉。他曾经遇到过比这更糟糕的情形，而眼下他正在远离家乡避难美国的行程中。

在这之前朋霍费尔就去过美国。那是九年前，他第一次去美国。当时他刚刚博士毕业，他认为如果自己能在前往柏林大学任

---

① 引自 Renate Bethge, *Dietrich Bonhoeffer：A Brief Life*（Minneapolis：Fortress, 2004），68。

* 原文此处是 July（7 月），但按照相关文献及本书后面相关内容，此处疑为作者笔误，应为 June（6 月）。——译者注

教之前，亲自去美国研究一下美国神学的发展，应该会大有裨益。于是，他花了一年时间在纽约协和神学院（Union Theological Seminary）访学。在那一年，他的深交良友中，协和神学院教授莱茵霍尔德·尼布尔（Reinhold Niebuhr）就是其中一位。也正是尼布尔主导并策划了朋霍费尔的第二次美国之行。当时情势急迫，尼布尔匆促写信给美国各地的学术同仁，为朋霍费尔筹划美国巡讲之旅，包括寻找资金支持和落实一个更稳定持久的教职机会。那时，朋霍费尔刚满三十三岁，风华正茂，已拥有许多令人瞩目的成就，未来的职业生涯正是一片光明。

然而随后，朋霍费尔却使尼布尔的一番努力化为徒劳。在走下轮船的那一刻，朋霍费尔就意识到自己错了。他只属于身后的德国。他在日记里写道："我意已决。"②"到美国于我是个错误，"他对尼布尔说，"我们的国家正值历史危难之际，我必须与德国的基督徒民众一起经受那一切。"③在给他们共同的朋友保罗·莱曼（Paul Lehmann）的信中，朋霍费尔写道："情势较为严峻，我必须与我的弟兄们在一起。"④

朋霍费尔预期德国将会从战争中幸存。他也认识到，德国教会也将会像自己的国家那样需要重建。那么，如果在教会最有需要之

---

② Bonhoeffer, "American Diary", June 20, 1939, *DBWE* 15:226. 第二天的日记显示，朋霍费尔最终不再纠结而是决定返回德国，最后他说："上帝知道"（第 229 页）。

③ 朋霍费尔写给尼布尔的信，1939 年 6 月末，*DBWE* 15:210。

④ 朋霍费尔写给保罗·莱曼的信，1939 年 6 月 30 日，*DBWE* 15:209。

时弃之不顾,自己又如何参与之后的教会重建呢?断然不行,他不能待在美国。

在写信给莱曼讲到朋霍费尔的决定时,尼布尔只好说,"我并不完全理解"。⑤ 的确,又有谁能理解朋霍费尔的决定呢?去面对一个处于毁灭边缘的独裁政权,而不是远渡重洋远离战争喧嚣与残骸,到一个自由民主的国家开始一段高校巡讲之旅,什么样的人会选择前者而感到更加心安?更何况,这并非一个孤立的决定,也并非出于一时冲动的血气之勇。朋霍费尔情愿返回德国,情愿直面希特勒和纳粹政权,最终情愿直面死亡,这一切都是他深经磨砺的一贯反应。他无法离开1939年的德国,尽管他有机会这么做。对他而言,这甚至比让我们的心脏停止跳动还难。所以,1939年盛夏,身在纽约的朋霍费尔毅然决定返回德国。要理解这个决定,必须先了解他是怎样一个人。

我们不应当用这件事去证明朋霍费尔的英勇(heroism)。这种推想可以理解,也有其吸引力,但却是误读。朋霍费尔的书信和日记所显明出来的,与这种推想截然不同。这并非标榜勇气之举。反倒是,他的决定表露出一种纯粹的信心。我们从中看到的,是他的谦卑而不是他的英勇,是他对上帝的信靠。他在日记里写道:"今天的这个决定或许显得勇敢,但上帝当然知道其中包含着多少我自己的顾虑和恐惧。……最终,上帝审判今日及今日所做一切决定的时

---

⑤ 尼布尔写给保罗·莱曼的信,1939年7月8日,*DBWE* 15:216。

候,我只能祈求他怜悯。如今一切都在上帝的手中。"⑥如果往前翻看几页他的美国日记就会知道,"在上帝的手中",意味着借着基督并在基督里接受上帝的怜悯。朋霍费尔在美国日记的开篇就这样写道:"只有当自己的生活、言谈完全是出于基督的怜悯,而不再是出于自己特有的学问与经验时,我们才不会故作虔诚。"⑦

要了解朋霍费尔,必须明白:一方面,人自身有限;另一方面,上帝绝对无限。朋霍费尔认识到,自己的理解有限,经验有限,决心有限,力量也有限。信靠自己等于完全地——也是纯粹地——假冒为善,这是法利赛人的宗教,但是,信靠上帝则全然不同。由此,要了解朋霍费尔,必须先来了解什么是凭信而活。

朋霍费尔指出,凭信而活(他会说"真正活着")意思就是"毫无保留地活在今生的责任、问题、成功与失败、体验与困惑里"。⑧ 他表示,现代世界里教会及其门徒所接受的廉价恩典,其实代价昂贵。朋霍费尔看到太多对文化妥协容忍、受文化俘虏的基督教信仰的例子,而他所渴慕的是一种付代价的门徒生活。他催促教会和信徒们:思考重价恩典,思考作门徒的代价。肯付代价的门徒,他们归服基督,以基督为中心。朋霍费尔甚至创造了一个德语词汇 *Christuswirklichkeit*,用以表达那种活在基督-实在(Christ-reality)

---

⑥ Bonhoeffer, "American Diary," June 20, 1939, *DBWE* 15:227.

⑦ Bonhoeffer, "American Diary," June 8, 1939, *DBWE* 15:217.

⑧ 朋霍费尔写给埃博哈德·贝特格(Eberhard Bethge)的信,1944 年 7 月 21 日,*LPP*,370。

领域中的生活。⑨ 他接着说明,这种以基督为中心或活在基督-实在中的生活何以是一种"团契生活"(life together),一种以我们与基督的共同联合为中心的团体生活。显然,我们谁都不是拥有丰功伟绩的个人英雄——很可悲,英雄形象是我们这个时代过基督徒生活的流行模式。相反,我们是在基督里因信而共同生活。

不过,对朋霍费尔的了解,并非仅仅使我们形成在基督里凭信而活的神学认识,还能够使我们看到,朋霍费尔怎样将这种神学认知在他的生命和日常生活中表明出来。朋霍费尔是神学家,是牧师,但他也是一个人。

朋霍费尔曾经写过诗,比如:

> 或远或近,
>
> 或喜或悲,
>
> 在彼此里面
>
> 看见他真正的帮助者
>
> 共享情同手足的自由。⑩

他曾经尝试写小说。他有一个孪生妹妹。有一段时间,他是一位会

---

⑨ *DBWE* 6:58.

⑩ Bonhoeffer, "The Friend," c. August, 1944, *LPP*, 390.(本书引用的朋霍费尔诗作,中译主要参考朋霍费尔:《狱中诗》,林鸿信译注,上海:上海三联书店,2019 年;个别地方有修改或重译,以下不再另外注明。——编者注)

弹吉他的青年牧师。他经常去剧院,在一家美术馆附近有一条他常经过的路。他对艺术、音乐和建筑都颇有见地。"你说的极是,"他在监狱牢房里写道,"通常很少见到南部的风景画。法国南部是个例外吗?比如高更?"⑪他是柏林大学的神学教授。他曾接手了一个行为有些粗野的青年团体,他们与他的成长路径截然不同。他为这些年轻人主持了他们的第一次圣餐礼,而且为了这个场合,他给大家置办了崭新的西服。

他带领过一个地下神学院。午后的课间,他常临窗静望。不止一次,恰逢阳光晴好、凉风轻摇树梢,他就抓起足球夺门而出,而学生们就会在后面列队集合。

他曾是一名间谍。他帮助过犹太人逃离纳粹的魔爪。他参与了密谋刺杀希特勒的系列行动。

1943年1月,他与玛利亚·冯·魏德迈(Maria von Wedemeyer)订婚,三个月后他被捕入狱,关押于泰格尔(Tegel)的监狱。1944年秋,他被转移至柏林盖世太保监狱(Gestapo prison)。在生命的最后几周,他与书纸笔墨隔绝,只能在听着无休止的空袭警报和轰炸声中度过他人生最后的日夜。

他是一位殉道者。

迪特里希·朋霍费尔用他的生命和著作吸引着我们。他要求我们的关注,不是像两岁孩子那样耍脾气,而是像一位睿智的朋友,

⑪ 朋霍费尔写给埃博哈德·贝特格的信,1944年3月25日,*LPP*,239。

平静、可信地向我们说话。他的声音虽安静，却从未停止过，这声音清晰、优雅，在他诞生后的这一百年里持久回响。历史学家及传记作者大卫·麦卡洛（David McCullough）说过，"有些人素未谋面，却塑造着我们的人生"。的确如此——或者，应当如此。

――――――――――――――――

朋霍费尔对后人最大的影响或许体现在，不管是作为神学家还是在日常生活中，他都以言行向人表明该如何过基督徒生活，如何作基督的门徒，如何活在基督-实在的领域中。他的著作《作门徒的代价》（*The Cost of Discipleship*）因此受到全面关注，也是实至名归。《作门徒的代价》本身就是一份丰厚的馈赠。然而，朋霍费尔的贡献远不止此。我们有必要拓宽对他的关注，朋霍费尔也应该得到更深刻的纪念。这本关于朋霍费尔论基督徒生活的书正是为此而写。

从《作门徒的代价》，我们认识到对我们毫无要求的基督教与要求我们彻底翻转的基督教的不同，认识到廉价恩典与重价恩典的不同。

从《团契生活》（*Life Together*）和朋霍费尔未满二十一岁就完成的博士论文《圣徒相通》（*The Communion of Saints/Sanctorum Communio*），我们认识到，基督徒既需要独处，也需要共同生活。正是共同生活可能会对我们构成挑战。共同生活在我们今天也已成了一个流行词——团契/共同体（community）。

对朋霍费尔而言,团契远非只是一个流行词,团契就是他的生活。朋霍费尔离世后,埃博哈德·贝特格(Eberhard Bethge)整理了他在狱中的书信并取名《狱中书简》(*Letters and Papers from Prison*)出版。在书中朋霍费尔指出:"一个人唯有透过完全入世,才能获得信心。"⑫而这是他在一个 6×9 英尺见方的牢房里写下的文字。从他在狱中没有写完、也没有出版的小说,* 我们也可以了解到他如何论述教会的真正本质、任务和使命。他的学术类书籍,比如那本未完成的巨著《伦理学》(*Ethics*),以及大量的论文、课程讲义、讲道讲义,甚至他的日记,以及他在狱中草草写下的各种粗略想法,林林总总,所有这些都是朋霍费尔通过文字给我们的真实馈赠。

朋霍费尔不仅以他的生,也以他的死,向我们表明,人当如何爱上帝并侍奉他,这是他通过实际行动所给予我们的馈赠。和保罗一样,朋霍费尔知道怎样处丰富,也知道怎样处卑贱(腓 4:12)。他在殷实富裕的家境中长大,童年时经常在夏季的避暑庄园里欢度悠长假期,家里有家庭女教师,有时还在他们自己的暖房(conservatory,兼家庭会客厅)上演家庭圣剧。朋霍费尔的学术生涯起步于久负盛名的柏林大学。然而,随着希特勒上台,朋霍费尔失去大学教席,他离开柏林去了芬根瓦得(Finkenwalde)。要知道,芬根瓦得虽然的确是一座庄园,却不过是一所破旧败落的修道院,没有镶着护板的墙

---

⑫ *LPP*,369.

* 小说《礼拜天》(*Sunday*),后文有介绍。——译者注

面,更没有富丽华美的房间。再以后,朋霍费尔被捕入狱。在囚禁中,他曾用诗表达自己对听到鸟鸣、看到色彩的热望。可见,他也深深知道,缺乏意味着什么。

> 或者我只是,我所知道的自己,
> 焦躁思慕,卧病在床,如笼中困鸟。
> 奋力呼吸,喘气不停,喉咙仿佛被掐。
> 极度渴望色彩缤纷、花卉鸟叫,
> 迫切向往好话几句、亲切招呼。⑬

正如保罗那样,处富足和处卑贱的经历带给了朋霍费尔知足的心。在下面这首记录 1945 年新年庆典的诗里,朋霍费尔表达了这种心境。事实上,他的整个 1944 年都是在纳粹监狱里度过的。"旧的一年",他指 1944 年,"仍折磨着我们的心"。⑭ 截至那年 12 月,他一直被囚于柏林,而他极为看重的信件与书籍往来,那时已经被严加限制、所剩无几了。

有几封珍稀的信件是蒙特允在他母亲生日那天寄给她的,他在其中一封里附了一首诗,题目是"所有美善力量"(The Powers of Good)。

---

⑬ Bonhoeffer,"Who Am I?," c. July 1944,*LPP*,348.
⑭ *LPP*,400.

若你递来沉重苦杯

杯缘满溢痛苦汁液，

从你良善慈爱圣手

毫不颤抖感谢领受。

若你愿意再赐我们

世上欢乐阳光亮丽，

我们记念如梭岁月，

生命完全交托给你。⑮

正是基督给了我们关于生命的终极悖论：得着生命的，将失丧生命；而舍弃生命的，将得着生命（太 10:39）。这一教导，紧跟在基督要求门徒背起自己的十字架跟从他之后（太 10:38）。而最初在那前面，是基督对门徒的呼召。门徒蒙召过属基督的生活。朋霍费尔理解基督的这一教导，并且在最黑的暗夜和最亮的日光下，把这一教导实实在在活了出来，这一点在 20 世纪罕有其匹。朋霍费尔深知，毫无保留地把自己献给基督并凭信心而活，意味着什么。

过去的神学家在今天仍能指导我们如何过基督徒生活，因此，朋霍费尔在他们之中占有一席之地，实属名副其实。关于作主门徒，朋霍费尔著书立说，除了经典作品《作门徒的代价》之外，他留给

⑮ *LPP*，400.

我们的还有很多。最重要的是,朋霍费尔活出了基督门徒的样式。有一首名为"卡特家族"(Carter family)的老歌,如今仍被大家低吟传唱,"一个忧伤的人,才能唱忧伤的歌"。我觉得这里说的是,真实性至关重要。真实性,对作门徒而言,无论怎么强调都不为过。这首老歌也唱出,虚假总能被识破。朋霍费尔绝非江湖骗子,他乃是基督的门徒,所以,借着传道、写作,他淋漓尽致地唱出了基督门徒之歌。

今天,我们拥有许多论述基督徒生活的资料,比教会历史上任何其他时段都更为丰富,形式也多种多样,涵盖了图书杂志、专题研讨、论坛、视频等等。其中很多内容关注的都是个体,关于我们个人祷告生活和个人灵修时间等;还有很多内容专注于责任,也就是挽起袖子,凭着毅力和决心完成任务。而进一步看,这当中的许多有关灵性的讨论听起来显得超凡脱俗,与日常生活的迂回曲折脱节。罗德尼·克拉普(Rodney Clapp)指出,那种对出世的强调只能带来天使的灵性(spirituality),而不是血肉之躯里的人的灵性。[16] 特别是在北美福音派背景下,我们倾向于用个体性的、工作导向或绩效导向的、超然的(detached)/出世的(otherworldly)标准,来定义基督徒生活和灵性。然而,采用这些门训方法往往导致失败和灰心。要知道,让人达到天使的标准绝非易事。

---

[16] Rodney Clapp, *Tortured Wonders*: *Christian Spirituality for People*, *Not Angels* (Grand Rapids: Brazos, 2006).

朋霍费尔提及个人属灵操练，他称其为"独处"（life alone），同时，他也提及"团契生活"。他提醒我们，要连于基督，也要在基督的身体（教会）里彼此互为肢体、相互联结。他论述责任，同时也宣讲上帝的恩典。他是路德宗信徒（Lutheran），对恩典有深入的认识。此外，他也讲论那将来的生命，而同时，他也是一个"入世的门徒"，他的生活与这一堕落世界中人们跌宕起伏的人生息息相关。他的声音从昨天传来，在今天依然回响，持续地帮助我们在与主同行的路上警醒，避免误入歧途。朋霍费尔当之无愧值得我们与他相遇，聆听他用言行向我们发出的教诲。

下面我们会逐一展开相关的探讨。通过审视基督徒生活的根基，我们将收获朋霍费尔对我们的所有馈赠，因我们是与他同作基督的门徒。朋霍费尔力荐以十字架为中心的生活。学者们认为，朋霍费尔思想的中心是"基督-教会论"（Christo-ecclesiology），他神学的核心部分既包括基督论（christology，关于基督的教义），也包括教会论（ecclesiology，关于教会的教义），它们就好比是轮子的轮毂。或者说，朋霍费尔的教会论是他的基督论之自然且必然的结果。因此，我们从他的**基督论**开始（第二章），然后进入他的**教会论**（第三章）。

朋霍费尔汲取了他喜爱的神学家马丁·路德（Martin Luther）的思想。对路德而言，基督是一切的中心，这中心的中心就是基督被钉十字架。路德终其一生都在讲述十架神学（theology of the cross），朋霍费尔亦是如此。应该说，神学以及基督徒的生活——所有一切现实——都源自十字架。

　　源自十字架的生活（朋霍费尔的基督论）与教会生活（朋霍费尔的教会论）相结合，导出基督徒应遵守的多项生活操练。我们将只讨论其中三条：查考并遵行圣经教导、祷告、神学的实践。之所以这样选定是基于这种背景：朋霍费尔在 20 世纪 30 年代后期曾带领过地下神学院，他指出这个操练三部曲是传道人教育（ministerial education）的基本要求。他深切期望自己的学生知道怎样读圣经，**也切实读了**圣经；知道怎样做祷告，**也切实做了**祷告；并且依照神学去思考**和生活**。朋霍费尔认为，神学院关乎传授知识（knowledge），即古人说的 *scientia*，也关乎灵命造就与生活，即古人说的**塑造**（formation）。俗语说，"对母鹅有益的事对公鹅也有益"，同理，对神学生有益的事对我们也有益。这个操练三部曲应该是过基督徒生活必不可少的，它们加在一起构成我们对上帝的敬拜。

　　在第四章我们将查考朋霍费尔的**圣经观**（doctrine of Scripture）。若要辩论朋霍费尔是保守的、甚至是福音派的神学家，还是自由派神学家，这会是一项重要的议题。但我们也将在这一章探索朋霍费尔的个人读经实践，以及我们可以从中学到什么。之后是关于**祷告**（第五章），这是基督徒生活操练中最容易、也最艰巨的一项操练。最后，我们会**探讨神学思考对于信仰生活的作用**（第六章）。有时神学与基督徒生活互相对立，一边是理论，一边是实践。朋霍费尔会帮助我们看到二者合一，而不是彼此对立，以致带来致命的危害。

源自十字架的生活不仅能导出这三大操练：圣经、祷告和神学，也引导我们入世。或者更确切地说，引导我们为了这个世界而生活。最后三章将通过朋霍费尔的一个新奇有趣的词汇"入世的基督教"（worldly Christianity）来说明这一观点的含义。**世俗**（Worldliness）（第七章）是我们应当避免的——毕竟，我们不是"属世界"的，我们也不当"效法这个世界"（约 15：9；罗 12：2）——不过且慢，让我们先认真听听朋霍费尔究竟要说什么。第八章标题是**自由**，但实际上谈的是**服侍**（service）与**牺牲**（sacrifice），论述了朋霍费尔的服侍精神和所蒙受牺牲奉献的呼召。对基督徒生活的经典表述出自《罗马书》12：1—2，我们蒙召献上自己为活祭。对朋霍费尔来说，他所献上的活祭，首先是他的社会地位，他失去了在柏林的大学教职；然后是他的自由，他被捕入狱；最后是他的生命，1945 年 4 月 9 日他在福罗森堡集中营（Flossenbürg Concentration Camp）被施以绞刑。

但是，他的死并非结束语，结束语应该是**爱**，第九章的主题是爱。所有这些主题——服侍、牺牲、入世、读经、祷告、神学的实践，即团契生活和源自十字架的生活——都是因为有了爱才变得重要。耶稣将这一点定为门徒身份和教会的首要标志（约 13：34—35）。朋霍费尔将爱称为"非凡"之物（the extraordinary）。

迪特里希·朋霍费尔在三十九岁时殉道。这是很多人刚刚开始理解人生的年龄。然而，朋霍费尔可谓是快学高手。这部分归因

于他所遭遇的环境里那些极为残酷恶劣的经验。这令人不由想到
那位安妮・弗兰克（Anne Frank），* 小小年纪就展示出令人咋舌的
人生洞见。显然，无论长幼，挑战性环境的确能带给人真知灼见。
不同的是，朋霍费尔的博识并非全部归因于纯粹的经验。他如此明
白应当怎样活着，是因为他如此认识基督死于其上的十字架。他也
领悟了十字架对于人类生存的全部含意。他活着，是源自十字架，
为这世界而活。这就是为什么他值得我们去与之相遇。

＊ 安妮・弗兰克（Anne Frank, 1929—1945 年），生于德国的犹太女孩，著有《安妮日记》，
  记录下 1942—1944 年德国占领荷兰的生活，成为二战期间纳粹德国灭绝犹太人的著
  名见证。——编者注

根基

第二部分

什么是"非凡"？耶稣基督自身的爱就是非凡，他在患难和顺服中走向十字架。十字架就是非凡，基督教的独特之处正是十字架。

——迪特里希·朋霍费尔，
《作门徒的代价》，1937 年

我们将会度过一个异常美好的圣诞节。一切外部环境都阻碍着我们迎接这个节日，可是这个事实却将显明我们能否因那真正必要的东西知足。我曾经非常喜欢去想尽办法购买各种各样的圣诞礼物，但是现在我们什么都拿不出来。然而，上帝借着基督的诞生赐给我们的却是超过一切的至宝。我们越是两手空空，就越能明白路德那句遗言的含义："我们都是乞丐，诚然如此。"

——迪特里希·朋霍费尔，
从泰格尔监狱写给玛利亚·冯·魏德迈的信，1943 年

认识基督，就是认识从他而来的益处。

——菲利普·梅兰希顿，
《教义要点》，1521 年

第二章　在基督里：源自十架的生活

因我们的大祭司并非不能体恤我们的软弱。

——《希伯来书》4:15

人类天性会倾向于避开一切使自己在当下感到不自在的问题。

——迪特里希·朋霍费尔，

伦敦，1934 年

耶稣呼召人，不是进入一种新的宗教，而是进入生命。

——迪特里希·朋霍费尔，

写自泰格尔监狱，1944 年

随着希特勒的上台和纳粹党的得势，德国教会默默接受了许多重压。年轻的迪特里希·朋霍费尔颖悟过人，他能够精准地看到问题症结。他坚决支持抵抗纳粹在教会的渗透，抵制纳粹的优生运动（eugenic crusade）。那些弱势群体，精神上或身体上有障碍的人，被统称为"废物饭桶"（useless eaters）。诊所的医务人员和主管被勒令把这些病人的名字交出来，然后这些名字被汇总在一起。纳粹强行对这些"废物饭桶"施行绝育,许多人甚至直接被消失了。没有什么人、也没有什么事能够阻挠这个"计划":对德国人民进行净化,从而打造出一个优等人种。雅利安人种(Aryan race)的崛起是希特勒的梦想。

此时还不到 1940 年。早在 1933 年,这一切就已经初露端倪。外部世界,即德国以外的几乎每一个国家,接下来数年都没有充分意识到这个问题。① 希特勒的优生计划将要继续推进,不再只是针对那些"饭桶",也将目光投向了犹太人。要等到那时世界才会惊觉到正在发生什么。然而,朋霍费尔和他同事的亲密小圈子在 1933 年就已经十分清楚,整个形势将发展成什么样子。作为神职人员,朋霍费尔寄望教会能够采取明确立场,引导人们进入真理和正义。但德国国家教会畏缩不前,之后更是唯唯诺诺地屈从于独裁者。这导致教会内形成了一个改革团体,由一小群委身的真基督徒组成。朋霍费尔曾致信给他在纽约协和神学院访学时结识的瑞士改革宗教会(Reformed Swiss Church)牧师欧文·舒茨(Erwin Sutz),他写道:"我密切关注着教会发生的一切,……我毫不怀疑胜利将属于德意志基督徒。"②

---

① 试想,即使到了 1939 年,温斯顿·丘吉尔(Winston Churchill)说服英国国会接受德国是一个威胁的时候,仍是困难重重。或者回忆一下,即使已是战争前夜,查尔斯·林德伯格(Charles Lindbergh)仍然只能说纳粹德国空军(*Luftwaffe*)给他的印象如何如何。

② 朋霍费尔写给舒茨的信,1933 年 7 月 17 日,*DBWE* 12:140。亦见 Eberhard Bethge, *Dietrich Bonhoeffer: A Biography*, enl. ed. (Minneapolis: Fortress, 2000), 293 - 323。

我们需要了解一下这里的背景。1931 年,"德意志基督徒"（German Christians/*Deutsche Christen*）由路德维希·穆勒（Ludwig Müller）创立,他是纳粹长期的支持者。希特勒在 1933 年带领纳粹党上位当权时,任命穆勒作为个人心腹,主导所有与国家教会,即德国路德宗教会（German Lutheran Church）有关的事务。1933 年 9 月,经过数月苦苦斗争——这斗争也令朋霍费尔深受其扰——穆勒最终被任命为帝国教会（*Reichskirche*,当时对德国教会的称呼）主教,而这一切都发生在路德当年在维腾堡（Wittenberg）的大教堂。希特勒对穆勒青睐有加,穆勒更是对希特勒百般讨好。穆勒在无人拦阻的情况下,不遗余力地一步一步推动帝国教会为纳粹服务,后来更是为盖世太保（Gestapo）服务。1945 年,随着纳粹的希望和理想轰然崩塌,穆勒也随即自杀。

尽管穆勒不是一个有能力的治理者而更像是一个懦夫,但他也确实完成了不少重要"政绩",包括把《雅利安条款》（Aryan Paragraph/Aryan Clause）引入教会——禁止犹太人加入教会,剥夺犹太神职人员的职分等。穆勒还在幕后主导了一个宣传运动,该宣传声称耶稣不是犹太人,而是雅利安人。事实上,在帝国教会和纳粹主义的宣传中,耶稣就是雅利安人,是超人（Superman/*Übermensch*）。[3]

---

③ 参见 Bethge，*Dietrich Bonhoeffer*，304－323；以及 Susannah Heschel，*The Aryan Jesus：Christian Theologians and the Bible in Nazi Germany*（Princeton，NJ：Princeton University Press，2012）。

当时,年仅二十七岁的朋霍费尔已经担任教会中抵抗力量的领袖,带领会众坚决抵制这些骇人听闻的恐怖行径,这些行径在战争时期带来了无法形容的严重后果。德国教会内部由此出现分裂(split)。不过,称之为分裂,其实抬高了朋霍费尔带领的反对方。说成是**分离**(splinter)更合适,因为绝大多数会众都站在了纳粹一方。朋霍费尔和那些持相同立场者组成了分离出来的一群人,他们把教会更名为认信教会(Confessing Church)。认信教会的牧师和他们的教区都宣誓唯独忠于基督,宣告基督不是雅利安人,也决不允许教会成为纳粹党政治意识形态的猎物。

认信教会的牧师们就像施洗约翰那样是局外人(outsiders),向着宗教和政治制度发出他们先知般的呼声。由于在德国教会斗争(German Church Struggle/*Kirchenkampf*)中受挫,也在认信教会内部深受异议同工打击,朋霍费尔后来离开德国前往伦敦,旅居了一段时日。④ 他在那里参与两个德国路德宗教会的牧会工作。同时,他仍然孜孜不倦地提醒世界要对当前局势保持警惕。由于情况特殊,相比德国的政治现实,朋霍费尔更关注对教会群体发出警告。尽管身在伦敦,朋霍费尔其实一直心系德国。

----

④ 贝特格指出,"他的观点与那些同作斗士的同工的观点大相径庭。在他几乎所有的提议中,他都像是个独行者。"(*Dietrich Bonhoeffer*,325.)其中最大的分歧在于,认信教会应当怎样受神学驱动,应当拥护哪一种神学等。相关话题在本书第四章和第六章会有涉及。

超人

1933—1936 年，在帝国宣传部长约瑟夫·戈培尔（Joseph Goebbels）的督责下，纳粹发动了一场全面的公关战。在戈培尔任职早期的丰功伟绩里，首屈一指的就是 1936 年举办的柏林奥运会。当全世界的目光都转向德国时，戈培尔的工作就是确保德国在世人瞩目之下，呈现为一个质朴的、敬畏上帝的国家。为此，他们甚至还在奥运村旁边建了一座美丽的教堂。⑤

与此同时，朋霍费尔这位局外先知，仍在继续宣告真相。同时他也投身于讲道。他"旅居伦敦"时期（从 1933 年 10 月到 1934 年 4 月）的讲道显明，这是深刻塑造朋霍费尔生命的时期之一。他还曾在 1934—1935 年间短期造访过伦敦。朋霍费尔最牵动人心的生命章节，是他被捕入狱直至殉道前发生的那些事。但是，他的监狱经历和他在被囚期间完成的大量作品绝非凭空而来，而是有据可循。在被捕入狱很久之前，朋霍费尔就接受了某些观念，而这些观念不断坚固他，赋予他勇气，深入他的灵魂，也启发了他后来的写作。

作为一名学者，朋霍费尔一直对各种观念葆有兴趣，并投入研究。学生和同事们多次证实，他会顽强地探寻一个观念。多年后，在泰格尔监狱牢房里，朋霍费尔仍会随手记下一些感想。例如他曾

---

⑤ 有关讨论，以及非洲裔美国田径明星杰西·欧文斯（Jesse Owens）在希特勒"导演"的柏林奥运会上大抢希特勒风头的事迹，参见 Jeremy Schaap, *Triumph：The Untold Story of Jesse Owens and Hitler's Olympics* (New York：Houghton Mifflin, 2007)。

写道:"在交谈中总有些新的东西产生。"⑥交谈在他和学生的关系里占据主导地位。交谈常常从夜深人静时开始,在凌晨破晓时结束。如同生物学家认真解剖一个样本,他们会从所有角度对谈论的问题进行详细剖析。学生们喜欢热议朋霍费尔的授课风格和课程,但最令他们记忆深刻的更是那些在海边或丛林里一起漫步交谈的时光。那些时候,他们往往探讨某些观念或某个具体观念。一旦捕捉到一个观念,朋霍费尔就不会轻易放手。

然而,并不是这种对某个观念的执着铸就了朋霍费尔在20世纪40年代那段不堪设想的经历中所表露出来的坚韧。那需要一种远超过大脑理解力的东西,一种充满朋霍费尔内心并进而充满他全人的信念。对于朋霍费尔,这信念就是:"上帝的能力在我们的软弱上显得完全。"当然,朋霍费尔最先从使徒保罗学到了这一点(林后12:9)。保罗以生命拥抱这个信念,朋霍费尔也是一样。他们对这一信念的笃信,远超过头脑所能领悟的程度。

1934年在伦敦时,朋霍费尔曾就《哥林多后书》12:9讲道。⑦ 无疑,"上帝的能力在人的软弱上显得完全",这一思想已经俘获了朋霍费尔。上帝的力量覆蔽我们的软弱可以有多种呈现:在我们的困惑、混乱甚至迷惑中,上帝的智慧得以彰显;在我们的脆弱和有限里,上帝的无限得以彰显。但这些显然都与人的直觉格格不入。人

---

⑥ Bonhoeffer, "Notes," July 1944, *LPP*, 343.

⑦ 大约是1934年7月下旬,朋霍费尔牧会七个月后有一次回伦敦短住时,就这个内容讲过一篇道,*DBWE* 13:402n14。

类为所谓的人类潜能的无限可能性所驱动。奥林匹克的宗旨是"更
快、更高、更强"（*Citius*，*Altius*，*Fortius*），同样，我们所求的也是更
快、更高、更强。我们不会承认自己软弱。

德国哲学家弗里德里希·尼采（Friedrich Nietzsche）提出了**超
人**，或者更确切地说，**超级人群或超级种族**（Super Men or Super
Race/Übermenschen）的概念。[8] 尼采鄙视软弱和脆弱，他也鄙视宗
教，特别是德国国立的路德宗教会。他还鄙视基督。在尼采的世界
里，受苦和软弱毫无存身之地。尼采不会为穆勒和纳粹热切地想要
把基督变为雅利安人而鼓掌，而是非常乐意将基督从雅利安人种里
完全清除出去。

现在我们来看一下保罗关于做人、特别是关于做基督徒的看
法。在一个相当自传性的和自我反思的时刻，保罗声称："为我自
己，除了我的软弱以外，我并不夸口。"（林后 12:5）尼采应该也不会
想把保罗留在他的队伍里。

保罗的灵性观

保罗在《哥林多后书》12:1—10 揭示了上帝的属性和人的属性。
从上帝的属性中，我们看到了力量和权能；从人的属性中，我们看到
了软弱。对保罗而言，软弱不仅包括他那神秘的"肉体上的刺"（林

---

⑧ Friedrich Nietzsche，*Thus Spoke Zarathustra*，trans. R. J. Hollingdale（New York：
Penguin，1961），初版于 1883—1885 年。

后 12：7），也涵盖他的"履历"——用他自己的话说，就是"凌辱、急难、逼迫、困苦"（林后 12：10）。这些都不是人们心仪的那类东西。

正如我们所看到的，上帝的能力在我们的软弱上显得完全，并非只是保罗头脑中领悟到的知识。这乃是保罗的"自传"——是对他的所是和一切遭遇的总结。保罗在生活过程中领悟到这一观念，其重要、甚至最重要的一个方面是：上帝的恩典在我们的软弱中与我们相遇，而且恰恰因着我们的软弱，上帝的恩典才临到我们。上帝直接对保罗说："我的恩典够你用的，因为我的能力是在人的软弱上显得完全。"（林后 12：9）这不只是保罗的一篇自传性反思，更是为我们提供了深入的洞察力，使我们得以洞悉保罗对基督徒生活的教导。因此，当我们发现朋霍费尔正是依照这段经文建构了他对基督徒生活的认识，我们不应该感到惊讶。

关于人的软弱

为何要如此强调人的软弱呢？因为人的软弱为上帝的恩典铺设道路。软弱使我们没有能力，必须依赖于在我们之上、在我们之外的东西。神学家称之为**外来的**（alien），用以强调这些东西并非像尼采错误认为的那样来自我们里面，来自**权力意志**（will to power）。

然而，这一思想的奇妙之处恰恰体现于此。保罗在这一切中放置了一个最令人震惊的反转。因为在《哥林多前书》和《哥林多后书》中各有一处，保罗提到**上帝**是软弱的。而早在备受希特勒推崇的尼采提出权力的观念很久之前，罗马人和希腊人就都对权力大为痴迷。软弱从来不被推崇;相反,权力则被广为颂扬。毕竟,是希腊人开创了人类的奥运会;是罗马人在地中海世界——保罗生活的世界——到处建造宣扬自己荣耀的纪念碑。

对权力和力量的痴迷随后也带来了对智慧的痴迷,新约圣经称之为世界的智慧或人的智慧。这种希腊人和罗马人喝彩叫好的智慧并不信赖启示(revelation)——存在于人的思想之外的、外来的启示——而是信赖来自人类头脑的东西。保罗称这种智慧是诡辩(林前 1:20)。人的理性与智慧、人的权力与力量——这些都是公元 1世纪的文化偶像。基督正是在那种文化里诞生,基督教也孕育于那种文化。⑨

保罗直接针对这种歌颂权力与智慧、推崇身体与理智能力的希腊-罗马文化(Greco-Roman culture)说话,他提及上帝的愚拙和软弱(林前 1:25)。保罗后来在《哥林多后书》中更多解释了"上帝的软弱"。他在那里论及这种上帝的软弱出现的某个具体的历史时刻。这种软弱出现在十字架上。保罗告诉我们,基督是"因软弱被钉在十字架上"(林后 13:4)。

如果你要在希腊-罗马世界观的贡献与基督教的贡献之间寻找分界线,这里就是了。要么,盼望与救赎存在于人类之内,所以我们自己成为信仰的对象;要么,盼望与救赎存在于我们之外,对我们而

⑨ 参考约翰·迪克森(John Dickson)的论文,在耶稣基督诞生和基督教出现之前,谦卑从不被承认或被视为美德,参见 *Humilitas:A Lost Key to Life,Love,and Leadership*(Grand Rapids:Zondervan,2011)。

言是外来的，所以我们越过自我去寻找信仰的对象。唯有当我们到了人的尽头，我们方知自己真正的需求。这就是基督教的观点。

　　显然，这也是朋霍费尔建立的认信教会与穆勒的帝国教会之间的分界线。最终，希特勒可悲地成为他自己从中寻求救赎的对象。而他的帝国计划最终也全盘崩塌。

　　这是理解朋霍费尔对基督和十字架的观点的重要背景。正如保罗关于基督、救恩和基督徒生活的观点与希腊-罗马世界的价值观与预设截然相反；同样，朋霍费尔的观点也与纳粹的意识形态水火不容。纳粹世界观颂扬人的力量和人的成就。对这样的世界观而言，十字架实在愚拙。但是，如果以为只有 20 世纪的纳粹有这种错误观点，那就错了。事实上，现代主义（modernism）——那种超越地缘政治边界的世界观——同样无限制地相信人的智慧、人的力量和人的潜能。因此，大声宣告"我只夸自己的软弱"——正如保罗所言以及朋霍费尔所回应的——就等于在现代主义者当中奏响不和谐的音符。朋霍费尔的话辞简理博："的确如此，与耶稣相遇就意味着所有属人的价值观都要被颠覆逆转。"[10] 在他未能完成的《伦理学》中，他也表达了一致的思想："被审判、被钉在十字架上的这一位，对这个以成功裁定万事的世界而言，依然是格格不入的异己，说好听点就是极为可怜的。"[11]

---

⑩ 朋霍费尔写给埃博哈德·贝特格的信，1944 年 6 月 30 日，*LPP*，341。
⑪ *DBWE* 6:88.

朋霍费尔基督论的全部背景,可以总结为一句话(尽管是个复合句):十字架是罗马人的绊脚石;十字架是纳粹的绊脚石;十字架是现代人的绊脚石;而且,若不能谦卑俯伏在十字架下看见它的大能与美丽,十字架也会是我们的绊脚石。

我们在这里的功课不是简简单单地对尼采或希特勒摇摇手指以示厌恶,而是应当反省一下我们自己。我确实认为自己是软弱、无能和脆弱的吗?还是我认为自己是强壮、能干和战无不胜的?只有当我们能正确回答这个问题,我们才能正确认识基督,进而才能正确地过基督徒生活。

经由维滕堡

朋霍费尔并非凭自己发现保罗把软弱看为灵性和过基督徒生活的起点。他有一位中介者和属灵导师,那就是创立德国路德宗的学者和牧者马丁·路德。路德与之前的保罗和之后的朋霍费尔一样,也认为什么时候软弱,什么时候就刚强,这远非只是头脑认可的观念。这已经成为他们的生活和身份本身不可分割的一部分。

路德对人的软弱有深刻的理解,正是因为他曾拼命靠自己努力过。他曾开玩笑说:"但凡有修士能通过修行到达天堂,那一定是我。"[12]说路德很有奉献精神、很委身,说他每一个细胞都竭力追求卓

---

⑫ Martin Luther,转引自 Bard Thompson, *Humanists and Reformers: A History of the Renaissance and Reformation* (Grand Rapids: Eerdmans, 1996),388。

越,就好比说尼亚加拉瀑布(Niagara Falls)有众水流过。*然而,尽管如此竭力拼搏,路德从未更靠近上帝。他就像在跑步机上狂奔,无论跑得多快,却仍旧待在原地。实际情况更糟——他跑得越快,和上帝的距离就拉得越大。他越是奋力跑向上帝,上帝就好像离他越远,直远到他再也无从企及。

在这方面,路德的确是他那个时代的产物——用他自己的话说就是痴迷于"荣耀神学"(theology of glory)。荣耀通常是好的,不过这里路德是用它代表人的成就、力量和权力。在他批评中世纪罗马天主教会宣扬荣耀神学的时候,他所指责的就是他们对自我能力的信奉、对自我力量的依靠。因此,他指责的是那种自我拼搏、自我奉献,以及所有的修道生活——而他自己也是其中的一分子。

为了对抗这种荣耀神学,路德提出了"十架神学"。他指出,我们是在十字架那里与上帝相遇,而我们在十字架那里遇见的上帝是一位软弱的上帝。他是一位受苦的上帝。这挫败了所有人类智慧。⑬

我们详述"上帝的软弱"这一观念并不难。在耶稣道成肉身的

---

* 尼亚加拉瀑布以美丽的景色和巨大的水力发电能力闻名,故这里是"很明显"之意。
——译者注

⑬ 更多关于路德的十架神学,参见 Martin Luther, "The Heidelberg Disputation"; Stephen J. Nichols, *Martin Luther*: *A Guided Tour of His Life and Thought* (Phillipsburg, NJ: P&R, 2002), 69 - 85;以及 Gerhard O. Forde, *On Being a Theologian of the Cross*: *Reflections on Luther's Heidelberg Disputation* (Grand Rapids: Eerdmans, 1997)。

时候,我们就看到了软弱的彰显。事实上,甚至早在天使对童贞女马利亚宣告预言的时刻,我们就已经看到了这一点。1934 年,在伦敦的一次讲道中,朋霍费尔这样说:

> 这软弱始于马利亚本人——一位木匠的妻子。我们会说,她是一个贫穷匠人的妻子,一个无名小卒,不受任何人抬举。但是现在,正是这位在别人看来毫不起眼的、卑下的马利亚,被上帝抬举,被拣选成为世界之救主的母亲。她不是因为任何人性美德而被拣选,甚至不是因为她特别虔诚而被拣选——尽管,毋庸置疑她是虔诚的;甚至也不是因为她的谦卑或任何其他美德,而完全、唯独因为上帝那满有恩典的旨意。上帝按着自己的旨意去爱、去拣选,并在卑微、平凡和被人视为毫无价值的人和事中,成就伟大之事。⑭

过了一会儿,朋霍费尔在讲道中继续说:"上帝靠近卑微的人,爱那些失丧的、无名的、平凡的、被弃绝的、无权势的、破碎的人。"⑮然后,我们就看到那个毫不起眼的卑微马槽。对于上帝的软弱与无力,朋霍费尔给出了两个真实可见的意象:马槽和十字架。

---

⑭ 朋霍费尔关于《路加福音》1:46—55 的讲章,*DBWE* 13:343。

⑮ Ibid.,344.

基督是以一个脆弱无助、充满依赖性的婴儿形象来到世界的。并且,这位圣诗写手提醒我们,尽管在十字架上受难时,基督完全可以调遣一万天使来护卫他,但他却是在极度受苦以至于死中,显明了他是完全受限的、软弱的。在基督身上,我们看见了上帝的软弱。

"在基督里"

在这一点上,我们需要认识到,在软弱和能力后面都有着更深刻的东西。我们的软弱背后是罪;上帝的能力背后是圣洁。真正的问题不是我们的软弱,软弱只是一种症状,显明我们真正的问题——我们的有罪(sinfulness)。我们与上帝之间的巨大鸿沟,不能仅仅用有限的软弱相比无限的力量来衡量。这条巨大的鸿沟存在于我们彻底的有罪与上帝无与伦比的圣洁之间。

软弱和力量之所以引起我们的注意,是因为它们像冰山一角一样浮出了水面。如果你问泰坦尼克号的幸存者,他们会告诉你真正重要的是水下的部分。我们可以回避所见,也可以补偿外在损失,可是,我们如何防御水面以下的部分? 这里的根本问题是:上帝是圣洁的,而我们却是有罪的。这是关乎生命的两个基础命题。这极其简单,同时又极为深奥。我们无从回避,也无从弥补。要想靠我们自己来解决这个问题,根本就没有可能。

史普罗(R. C. Sproul)在他的经典著作《上帝的圣洁》(*The Holiness of God*)里论及路德的思想时,把软弱与有罪、力量与圣洁关联在一起。⑯ 正是这个两难困境使路德脱口喊出："我恨上帝。"路德逐渐意识到我们的有罪与上帝的圣洁这两个命题的全部力量——这使得他茫然无措。只有第三个命题才能够带来那种难以企及的平安，就是他来到修道院寻求与上帝和解时不顾一切寻找的平安。

路德需要并且最终找到的这个第三命题，实际上是一个人/位格（person）：他就是基督——他是上帝-人（the God-man），是圣洁的上帝和有罪的人之间的唯一中保（Mediator）。神学家将这一点称为"二性基督论"（two-nature christology）或"位格中的联合"（hypostatic union）。其含意是，基督的独特性在于二性——完全的人性和完全的神性——存在于一个位格之内。《卡尔西顿信经》（Chalcedonian Creed，451 年）中所使用表示"位格"的希腊语单词是 *hypostasis*，神学术语 hypostatic union（**位格中的联合**）便由此而来。早期教会受到各种异端困扰，先是否认基督人性或否认基督神性的异端，后来则是与神人二性如何结合于一个位格之内有关的异端。

在朋霍费尔与所有这些相关的讲义中，他总结道："卡尔西顿陈述［或信经］是关于基督的客观、活泼的论述，超越了所有的概念形式。一切都被包含于信经的异常清晰却又吊诡的机敏措辞中。"⑰其中，"吊诡的机敏"（paradoxical agility）这个用语，指的是信经里蕴含

---

⑯ 史普罗机智地把这章命名为"路德的疯狂"（The Insanity of Luther），参见 Sproul，*The Holiness of God*，25th anniversary ed.（Lake Mary，FL：Ligonier，2010），91 – 116。

⑰ Bonhoeffer，"Lectures on Christology，" *DBWE* 12：343.

着奥秘,反映了我们从基督的位格中发现的奥秘。的确,完全的人性和完全的神性在一个位格里联合,这实在是个奥秘。朋霍费尔为此深深地赞叹、感恩。

对朋霍费尔来说,"基督是上帝-人"这一点是理解基督所有工作的关键,但尤其重要的是他降卑的工作——这在十字架上达到高峰。朋霍费尔说:"这位降卑的上帝-人,是虔诚人,其实也是全人类的绊脚石,仅此而已。"[18]看起来,他讲义前面的内容只是在加速引擎,为的是掷地有声地抛出这句话。"基督是上帝-人"这一点是绊脚石,因为这强调了上帝的绝对圣洁和人类彻底的有罪,以及这两者之间不可逾越的鸿沟。所以,作为上帝-人的基督是我们必需的;这个第三命题——基督这个人/位格——是我们必需的。没有基督,就绝无希望可言。

对基督工作的讨论,使我们立刻想到了路德最喜欢的词语之一:**称义**(justification)。朋霍费尔对称义也有很多话要说。在关于20 世纪系统神学历史的讲座中(以学生笔记的形式保存下来),他讲到了基督、称义、上帝、圣经和伦理,这些都是他心中非常珍视的主题。不过可悲的是,这也是他的德国神学家同仁落入歧途的地方。关于称义,朋霍费尔首先提醒我们,基督的十字架是对我们的努力说"不":"称义透过十字架而来,而十字架就是上帝对我们说的

---

[18] Ibid., 358.

'不'——你们不可能自行到达上帝那里。"⑲我们根本做不了什么得以去到上帝那里,于是上帝就为我们做成了。朋霍费尔由此得出结论:"因此,人类只能单单从上帝那里得到他们的义。"他接着说:"这正是需要十字架的原因。基督论与称义的教义是自然而然地关联在一起的。"⑳

我们需要 *iustitia aliena*——这是朋霍费尔引用的拉丁文,是指一种外来的义(alien righteousness),即一种在我们之外、独立于我们的义。这义由上帝赐给我们,借着基督在十字架上的工作并透过我们的信心而成就。事实上,朋霍费尔称信心为"人类最大的被动"(the most profound human passivity)。称义完全是上帝的工作。他还进一步讲到了圣灵的工作:"圣灵使人相信、使人明白,人的义完全是在基督里。"㉑

唯独恩典

这三个命题——上帝的圣洁、人的有罪、基督的位格和工作——构成了福音的实质。它们也构成了灵性的主干,因为它们只给一样东西留出了空间——那就是**恩典**。恩典临到我们不是因为我们有美德、有成就或者有潜力。恩典临到我们,无关乎所有这一

⑲ Bonhoeffer, "The History of Twentieth-Century Systematic Theology, 1931–1932," *DBWE* 11:236. 参见编辑关于这段文字之历史的注释,第 177 页。

⑳ Ibid., 237–238.

㉑ Ibid., 239.

切。有人说恩典是无条件的（unconditional），但更确切的说法是，恩典是反条件的（contra-conditional）。恩典把我们带向基督，保守我们在基督里，促使我们在基督里成长。因此，作为上帝-人的基督是绊脚石。我们太过确信——**凭自己确信**——自己一定能得到上帝的认可。可是这种自信实际上就是自欺。对此，十字架喊出的是一个响亮的**不**！

这三个命题，以及它们一致强调的恩典，是一个神学支柱，不仅支撑了救恩，也支撑着基督徒生活与门徒身份。如果认为这些不过只跟称义有关，我们就错了。我们在初尝救恩以后，若想丢开这三个命题（尤其是恩典）继续前行，就注定会面临充满挫折与失败的基督徒生活。

"这太难了，"路德有次这样写道，"让一个人相信上帝对他是恩慈的，这太难了。人的心不能领会这一点。"[22]我们不能领悟恩典，因为我们本能地会更多从美德和缺点的角度思考问题。既然我们不能"抓住"恩典，恩典就来抓住我们。在我们得救时，在此后我们每个醒着的时刻，恩典都会牢牢抓住我们。

神学家们喜欢讲有效的恩典（efficacious grace）或救赎恩典（soteric grace），即带来拯救的恩典。恩典之所以有效，是因为它实现了上帝的目的。这些目的可以归纳为，上帝如何呼召一群人归向

---

[22] Martin Luther，"Table Talk，No. 137，" in *Luther's Works*， vol. 54， *Table Talk*， ed. and trans. Theodore G. Tappert (Philadelphia: Fortress，1967)，19.

他自己（即得救或归信的那一刻），并且塑造这群人越来越像他的儿子——荣耀与圣洁的完美体现（成圣或过基督徒生活的过程）。

可以肯定，来到基督面前得拯救和成圣过程中在基督里成长是不同的。正如路德在《上主是我坚固保障》（A Mighty Fortress Is Our God）这首圣诗中所说，一旦我们在基督里，"圣灵和恩赐就已赐给了我们"。保罗说，我们归入基督后就会有新生的样式（罗 6∶1—4）。然而，从我们归入基督的那一天开始，直到我们结束地上的生活，这三个命题对我们都是真实的∶上帝是圣洁的；我们是有罪的；基督是我们唯一的盼望。这盼望不仅借着基督的复活，也借着基督在十字架上受死向我们显明了。

基督的复活和他复活的大能是我们成圣的依靠。1944 年复活节来临时，朋霍费尔坐在泰格尔监狱的牢房里，写信给他的学生、即后来的传记作家埃博哈德·贝特格，论及基督的复活如何胜过了死亡。他强调，唯独借着基督的复活，"一股清新的风才能够吹透我们现在的世界"。然后他说自己希望看到哪怕只是寥寥可数的人能够"生活在复活的光中"。㉓ 在他基督论的课堂上，他严厉指责那些否认基督复活之历史真实性的人，并且铿锵有力地宣称，耶稣的空坟墓是必然的。他在写到十字架和耶稣升天时说∶"在基督的降卑与升高之间，存在着空坟墓的史实……如果坟墓不是空的，基督也就没有复活。看来，我们的'复活信心'与空坟墓的故事息息相关。如

㉓ 朋霍费尔写给埃博哈德·贝特格的信，1944 年 3 月 27 日，*LPP*，240。

果坟墓不是空的，我们不可能拥有这样的信心。"㉔我们的信心屹立在基督复活的史实性（historicity）上。

保罗提醒我们，认识基督，**不仅**要认识基督复活的大能，**也要**与基督一同受苦（腓3：10）。朋霍费尔同样提醒我们，还要定睛在十字架并基督的软弱上，这是渐渐成长以更深认识基督、更有基督样式的另一个重要途径。"我们就是十字架下的教会"，朋霍费尔会如此说。㉕ 在我们首次来就近十字架之后，我们必须反复回到十字架这里。借着基督的受苦与软弱，上帝在我们的苦难与软弱里与我们相遇。

朋霍费尔在伯特利

研究朋霍费尔的学者贝恩德·瓦伦维奇（Bernd Wannenwetsch）注意到，朋霍费尔在1933年到访过德国伯特利市（Bethel）。他对朋

㉔ Bonhoeffer, "Lectures on Christology," *DBWE* 12：359 - 360；参见《哥林多前书》15：1—28，特别是18—20节。在效法朋霍费尔的德国神学家中，沃夫哈特·潘能伯格（Wolfhart Pannenberg）站出来继续强调基督复活的历史性。潘能伯格认为，空坟墓是基督神性和基督论的关键。他甚至认为空坟墓是认识论（epistemology）的起点——是我们认识每一件事和如何去认识所知之事的起点。参见 Wolfhart Pannenberg, *Systematic Theology*, vol. 2, trans. Geoffrey W. Bromiley (Grand Rapids：Eerdmans, 1994)，343 - 362。不过，潘能伯格最后过于矜持而没有完全认信《卡尔西顿信经》。相比而言，朋霍费尔更看重《卡尔西顿信经》的奥秘。信经反映了这奥秘：完全的人性与神性在基督里联合，在一个位格里面存在着不可分割的二性（*DBWE* 12：342 - 343）。

㉕ Bonhoeffer, devotional, Berlin Technical University, 1932, in *Dietrich Bonhoeffer：Meditations on the Cross*, ed. Manfred Weber, trans. Douglas W. Stott (Louisville：Westminster John Knox, 1996)，8。

霍费尔在伯特利的时光、在那里的所学，与他在布痕瓦尔德（Buchenwald）的经历，以及希特勒在那里企图做的事进行了分析比较。朋霍费尔在 1933 年 8 月 20 日写给祖母朱莉（Julie）的信中说，"伯特利的时光给我留下了深刻印象"。㉖ 那些深刻印象对他以后的神学、他关于成圣的观点，甚至他的生命本身都产生了深远影响。

朋霍费尔在信中满怀热情地描述了来伯特利教会聚会的人："我刚刚参加完教会的崇拜。这实在是一个不寻常的景象，教会里挤满了癫痫病人和其他各种病患，中间散落安排了男女执事，以便随时对有可能摔倒的人给予帮助。"㉗他接着说："那里有来自乡村公路上的老流浪汉，有神学生，有实验学校的孩子，有医生、牧师和他们的家人。"他紧接着指出："但是其中，病人是这个画面的主体部分。"㉘

伯特利教会能容纳各式各样的敬拜者，这是伯特利这个地方的特点带来的。在伯特利，也就是在比勒费德（Bielefeld）城外，建有一个包括医院和残疾人保健设施的社区，还有一所神学院。朋霍费尔在伦敦停留期间去过那里。7 月份他都待在伦敦，讲过几次道，也考察了当地教会的情况。然后在 8 月份，经历了在柏林的繁重授课以及从教会斗争而来的挫败后，他会去伯特利好好放松一下。随后，他又返回伦敦停留一段时间并在期间参与牧会，从 1933 年 10 月一

44

㉖ *DBWE* 12:157.

㉗ *DBWE* 12:157‒158.

㉘ *DBWE* 12:158.

直待到 1934 年的春末。

朋霍费尔原本希望在伯特利休息一下，但他其实没能得到休息。或者更准确地说，他实在无法休息。因为他与当时刚离开柏林牧职转到纽伦堡附近的埃尔朗根大学（University of Erlangen）执教的赫曼·萨斯（Hermann Sasse）一起合作，夜以继日地投入到一项工作中。工作内容是起草从德国教会分裂出来的认信教会的信仰告白。尽管《伯特利信条》（Bethel Confession）相比《巴门宣言》（Barmen Declaration，1934 年）略显逊色，但仍能充分显明认信教会与德国路德宗教会主体的重大不同。对希特勒和纳粹党给予默认是"当时存在的问题"，正如顾问们可能会宣称的那样；但是，真正的问题与圣经相关。教会是否严肃对待圣经和圣经的全部要求？对朋霍费尔来说，这才是当时争议的根本点。按他的观察，他所属的教会并没有降服于圣经。

我们将在第四章讨论更多相关内容，但在此需要指出，作为门徒，我们要问的最根本的问题是：我们严肃对待圣经和圣经中的全部命令了吗？如果认为圣经可以妥协而不用遵行，我们就会产生一种扭曲变形的基督徒生活观。

基督在伯特利

朋霍费尔善于洞悉问题的核心本质，因此，借着《伯特利信条》，他触及的问题不只是德意志帝国与帝国教会之间的政教关系，而是比这深刻得多。对此，贝特格说得很好："尽管朋霍费尔完全被自由派传统所塑造,他却变得越来越反自由派。"^㉙他的保守神学建构与他的自由派神学教育背景之间的鸿沟越来越宽,这尤其和两个神学论题有关:圣经和基督论。

朋霍费尔在柏林讲过基督论课程,学生的课程笔记后来被整理为《基督是中心》(*Christ the Center*)出版。在课程中,他明确讲到,"把基督看为理念(idea)"或者"把基督看为神话"都是错误的。他指出,"根本不是威廉·赫尔曼(Wilhelm Herrmann)所说的那样,悲痛中的良心在我们的内在生命里遇见了耶稣,借着这一相遇,我们相信耶稣在历史里曾经存在过"。^㉚ 事实上,耶稣就在现实里,也在时间-空间的历史里,而不是存在于人里面的一种理念。"教会必须反对一切形式的幻影说(docetism)",朋霍费尔在课堂上如此说。"我们也必须同时拒绝一切形式的希腊观念论思想(idealistic thinking),因为它们对理念和显象(appearance)进行了区分。"幻影说是一个统称,用以指代在新约时期和教会最初几个世纪出现的多种异端。希腊文单词 *dokeō* 的意思是"看起来像是"(appear)。这种异端教导说,耶稣只是看起来像人,他只是看起来像是有人的血肉之躯。使徒约翰亲自坚决驳斥了这种错误教导(约壹 4:1—4)。

朋霍费尔解释了为什么这种关于基督的错误思想是荒谬的:

㉙ Bethge, *Dietrich Bonhoeffer*, 289.

㉚ Bonhoeffer, "Lectures on Christology," *DBWE* 12:330. 出自朋霍费尔的课程讲义,也是通过学生笔记保存了下来,最终作为 *Christ the Center*(New York: HarperOne, 1978)一书出版。

"因为通过这种区分,这种观念论(idealism)就废除了一切神学的第
一前提,即,上帝出于白白赐下的怜悯,实实在在地成为一个人。"③
他后来补充说:"有关人的一切,上帝都完全熟知。"②朋霍费尔后来
将基督的降卑——成为人、受苦、最终在十字架上受审判——看作
真教会的标志。这是教会必须认信的(正统教义,orthodoxy),并且
这个认信必须对我们怎样过教会生活(正统行为,orthopraxy)产生
影响。

只有当基督是一个真正的人,**真正**成了肉身,同时又是出于真
神的真神,才能在任何时候、任何地方成为教会的立场,尤其是 1933
年在德意志帝国和帝国教会崛起时的那种混乱时期和危险处境中。
只有这样的基督才可能使人类的王国相形见绌,并且要求我们忠于
他高于其他一切,正如《巴门宣言》将会明确宣告的。简要概括这整
个情况就是,基督论是了解朋霍费尔的神学及其基督徒生活观的
关键。

但是,朋霍费尔在教会工作和神学建构过程中,禁不住被伯特
利的所见所闻深深感动,他说这是一种"极深的触动"。一边是希特
勒,以及他为日耳曼民族优越性而推行的优生计划——当时已开始
推行;另一边是伯特利——体弱多病者的避难所。伯特利被称为
"上帝之家"(house of God),朋霍费尔深以为然。他在伯特利看到

---

③ DBWE 12:338.
② DBWE 12:353.

的远不只是一个富有多样性和差异化的教会,他在那里看到了真正的人性。他在给祖母的信里写道:"他们那种弱小无助的真实处境,使他们对人类生存的特有现实产生更清晰的洞察:我们从根本上来说的确是弱小无助的。如果他们是健康人,或许就不能如此透彻地认知这个真相。"③

伯特利使朋霍费尔洞察到了人性的本质,甚至教会的本质,同时也使他洞察到了基督的本质。1933 年初夏,朋霍费尔去伯特利之前,在柏林开设了前面提及的基督论课程。在课程临近结尾讨论基督的降卑与升高时,他观察到:"基督的降卑,不是一条教会要服从的原则,而是一个事实。"④

神学家使用基督的降卑与升高这样的词汇,参考了保罗在《腓立比书》第 2 章对基督位格与工作的论述。《腓立比书》第 2 章是圣经中较为详细论述二性基督论——基督是上帝-人——的章节之一。我们在这一章所学习到的关于基督人性的真理,帮助我们直面基督的软弱与受苦。从《腓立比书》第 2 章更广的上下文中我们也看到,这个认识对过基督徒生活而言是何等关键。谦卑是保罗所教导的教会生活的必需要素。基督的谦卑胜过了一切限制,甚至是十字架上的死亡,而这种谦卑在效法基督的基督徒当中真实地彰显出来。后来,朋霍费尔返回伦敦,在伦敦东部的西德汉姆联合教会

---

③ *DBWE* 13:158.
④ *DBWE* 13:360.

(United Congregation of Sydenham)和圣保罗改革宗教会(St.
Paul's Reformed Church)讲道时,指出基督门徒应该以基督的降卑
为榜样——效法基督的受苦和软弱、脆弱和有限。

在伦敦的讲道

我们会思考朋霍费尔的伦敦讲道,并特别关注其中一篇信息。
在此之前,我们先看一下 1933 年初夏他在柏林的一次讲座,以帮助
我们更好地思考。这个讲座的题目是,"今天,神学生应该做什么?"
他用下面的话回答了自己的这个提问:

> 对神圣神学(sacred theology/*theologia sacra*)的真正
> 研究,起步于人们在质疑和寻求的过程中与十字架的相
> 遇;起步于他们承认,当上帝在人类手中受苦时,他们自己
> 的全部激情也宣告终结,并进而意识到自己的全部生命力
> 都处于审判之下。㉟

朋霍费尔不会介意扩大应用范围。这不仅仅是搞学术的神学生的
必修内容,这是我们所有人的必修内容。我们都是从十字架起步。
所有与上帝的相遇,都是从十字架开始。朋霍费尔的讲道信息与此
一致。无论是在柏林教室里,面对满满一房间将要做牧师和神学家

㉟ *DBWE* 12:433.

的学生,还是在伦敦教会的讲台上,面对大多是从德国移居伦敦的工人阶层会众,朋霍费尔在讲道中始终宣讲着同样的信息。

伦敦讲道集里有一篇特别的讲章,令这个题目的所有讨论变得尤为尖锐突出。讲道是基于《哥林多后书》12:9,讲章是用英文手写的。当时圣保罗改革宗教会里,会众中许多人已经被英国文化同化,这就迫使朋霍费尔用他的外语(即英语)来讲道。这篇讲道的主题是软弱。朋霍费尔恰当地用一个提问开场:"为什么软弱这个问题至关重要?"㊱对此,先前有的回答是,基督教从其历史来看就是软弱者的宗教,朋霍费尔称之为"奴仆的宗教"(religion of slaves)。㊲然而真正的答案是,受苦和软弱是神圣的,因为"我们的上帝是一位受苦的上帝",而且"上帝已经在十字架上受了苦"。㊳

与此类似,朋霍费尔在《伦理学》一书中也讲到,上帝不仅仅拥抱了人类。事实上,"远不止如此"。㊴上帝所做的远不止拥抱了我们,他更是在基督里成为我们。

上帝透过成为人的样式进入人类的生活,透过在肉身中担负了人类的本性、本质、罪咎和苦难,对抵挡上帝之爱的一切责难,譬如谎言、疑惑和摇摆不定,宣告了它们的无

48

㊱ *DBWE* 13:401.

㊲ *DBWE* 13:402.

㊳ *DBWE* 13:403.

㊴ *DBWE* 6:84.

效。出于对世人的爱,上帝取了人的样式。上帝不是找到
了最完美的人而与之联合,乃是承受了人类的天然本相;
耶稣基督不是高贵人性的变形,而是上帝对真实人类的肯
定;不是出于一个判官那种冰冷无情的肯定,乃是出于一
位苦难担当者富有怜悯的肯定。⑩

我们倾向于规避软弱和受苦这些话题,相反,我们喜欢颂扬权
力。再回到朋霍费尔的伦敦讲道,他把强调软弱的基督教信仰与强
调力量和权力的贵族化思想做了深入对比。他也将矛头指向贵族
化思想实现其目标的途径——暴力和压迫。"基督教与其对暴力的
革命性抗议,要么一同站稳,要么一起跌倒,"他在证道时大声疾呼,
"要坚决抵制专断和权力下的狂傲,为软弱者辩护。"⑪可想而知,他
讲到后面这句话时,脑海中浮现的应该是伯特利。而当他郑重指出
"基督教已经太过轻易地自我妥协,臣服于权力"时,⑫他想到的应该
是布痕瓦尔德、福罗森堡和其他集中营所代表的一切。

正如朋霍费尔所观察到的,这种情形需要的不是别的,而是一
种哥白尼式的世界观革命,朋霍费尔自己称之为"基督眼光中的诸

---

⑩ DBWE 6:84 - 85. 显然,朋霍费尔的基督论与那种雅利安人论调截然相反,在下一段
中,他在深爱世人的上帝与希特勒之间进行了对比,称希特勒为"蔑视人性的残暴
之人"。

⑪ DBWE 13:402.

⑫ DBWE 13:402.

价值观之新秩序"。㊸ 权力不再高举自己,而是降服和顺从。他坚称:"基督教对弱者的爱和帮助,意味着强者在弱者面前降卑,康健者在患病者面前降卑,有权位者在被剥削者面前降卑。"㊹

此时,朋霍费尔并非仅仅关注德国,他有着更广阔的视野。他在讲道中提到"在一个白人国家对有色人种"的剥削,指的就是 1929—1930 年间他在纽约哈莱姆(Harlem)黑人教会的经历。㊺ 他也讲到了对"贱民阶层"(untouchable)的感受,表达他从远方对甘地(Ghandi)在印度工作的欣赏,和对当地社会种姓制度的关注。概括来说,朋霍费尔是对 20 世纪评估人生成败的诸多新价值观提出质疑。不过,也许这种所谓的 20 世纪新观点压根不是什么新兴事物。

朋霍费尔找到了正统基督论在一个人实际生活中的意义。通过认真对付自己的罪,我们会培养出些许谦卑;通过牢牢认定基督的**降卑**以及他取了肉身并完全与我们认同,我们会培养出更多一些的谦卑(腓 2)。而只有从这种谦卑里,才能产生真正对他人的服侍。

基于对基督、对基督道成肉身和在十字架上受难的研究,朋霍费尔继而要彻底颠覆当代人的世界观。紧跟这种基督论而来的就是,探讨我们作为门徒当如何了解他人,如何对待他人,以及在多大程度上情愿服侍他人。人的天性更倾向于向内看重自己,而基督的

㊸ *DBWE* 13:403.

㊹ *DBWE* 13:403.

㊺ *DBWE* 13:402.

降卑催逼我们首先向上定睛于他,然后向外去顾念他人。

无疑,伦敦教会听道的会众觉察到了有什么东西正催逼着朋霍费尔。要知道,靠近能发现某些事物重要性的人会让你感觉很兴奋,这种人总有特定方式抓住你的注意力。朋霍费尔就是这样,而会众也是这么被他吸引。当会众跟着讲道理解了作门徒意味着什么,认识到作门徒在深度、广度和宽度上均意义重大的时候,朋霍费尔随即在讲道的结语部分带领会众回到十字架。但凡一个人回到十字架,他就会发现是在人的软弱和苦难里上帝的大能得以显明。朋霍费尔描述道:"在十字架那里,他感受到上帝与他同在,在十字架那里,他向上帝的大能敞开,那就是上帝的恩典、上帝的爱、上帝的安慰,超越一切人的领悟和一切人的价值。"接着他强调:"上帝在人的软弱上使自己的名得荣耀,正如他在十字架上使自己的名得荣耀。正是在人的尽头,上帝彰显他的大能。"[46]

1933—1934 年间的这些经历对朋霍费尔的生命深具塑造意义。在柏林开办基督论讲座、在伯特利体验生活、起草《伯特利信条》、在伦敦教会牧会等等,这些经历无一不对朋霍费尔产生决定性影响。下一章我们将探讨团契/共同体观念又是如何塑造了他的日常行为以及他的神学;朋霍费尔认为,这个概念只能出自基督和十字架。基督和团契/共同体这两个孪生观念锤炼形成于 20 世纪 30 年代,它们共同对他在 40 年代的诸多英勇时刻提供了依据。

---

[46] *DBWE* 13:404.

英勇的基督教

在 20 世纪 40 年代一次刻骨铭心的重大时刻,朋霍费尔的思绪把他拽回到多年前的旅程。那时他在纽约访学,那一年正值所谓的"咆哮的 20 年代"(Roaring Twenties)的尾声。朋霍费尔到访协和神学院的理由说起来是去学习,事实上却令他大失所望。在那期间他最享受的时光,是他在哈莱姆的阿比西尼亚浸信会(Abyssinian Baptist Church)的经历。他在那里搜集黑人灵歌(Nergo spiritual)和早期的蓝调七十八转粗纹唱片(blues seventy-eights),特别是做了一次乡村越野旅行。每到一处,他就把自己沉浸到当地的生活中,在公路上边走边看,也使他有不少丰富的发现。不过美国有些东西让他觉得很无奈,比如有些禁令他认为根本没有意义。"那实在是无聊透顶",他写信给孪生妹妹莎宾(Sabine)时感慨道。[47] 而对剧院的体验也是索然无趣:"这里剧院的节目通常都十分糟糕,我基本上不去剧院了。"他甚至说,阿图罗·托斯卡尼尼(Arturo Toscanini)执导的纽约爱乐交响乐团(New York Philharmonic)"根本没有真正触动我"。[48] 然而,1930 年的那个夏天,在去往墨西哥西南方向的公路上旅行,却带给了他完全不同的印象。

那次旅行对朋霍费尔产生的影响,很大部分来自他的旅行同

---

[47] *DBWE* 10:271.

[48] *DBWE* 10:271.

伴,特别是后来在法国的改革宗教会(Reformed Churches)牧会的让·拉瑟尔(Jean Lasserre)。当时,单是拉瑟尔的热情就已让朋霍费尔刮目相看,拉瑟尔的见地和敬虔更令朋霍费尔深受吸引,因而乐意专注地倾听。

那些影响对朋霍费尔意义深远,及至十多年以后,当他坐在泰格尔监狱牢房里时,依然记得与拉瑟尔的许多交谈。交谈差不多都是发生在美国高速公路边上的小帐篷里,是那种拥有良好起步与光辉未来的年轻人之间的交谈。他们谈到了这一生想做什么。朋霍费尔回忆说,"拉瑟尔说他想成为一个圣徒"。他对此仍记忆犹新,"当时我被深深触动,不过我并不赞同他,我说,实际上我想要的是学习拥有信心。"他进一步解释了自己关于信心的看法:

> 后来我发现,而且至今我仍在继续发现的过程中,那就是,一个人只有彻底在这个世界上活着,才能学习拥有信心。我们必须彻底放弃任何想要自己有出息的企图,无论是成为圣徒,或仅仅是归信的罪人,或牧师(所谓的神职人员!)、义人或不义的人、病人或健康人。㊾

有人可能会在这个清单中加上**英雄**——这个词经常被人们用来描述朋霍费尔,却遭到他本人极力抗拒。凭信而活的生命是1930

㊾ 朋霍费尔写给埃博哈德·贝特格的信,1944 年 7 月 21 日,*LPP*,369 – 370。

年夏天朋霍费尔在美国时所渴望拥有的，也是 1944 年夏天在泰格尔监狱里以及这期间的每一年里，他自始至终的追求。凭信而活，拒绝了我们通常设立的生活目标和衡量成败的标准。这种信心源于我们与基督的联合和紧紧依靠十字架。其实朋霍费尔当时正在思想客西马尼园的基督，他如此写道："我指的是，毫无保留地活在生活的责任、问题、成功和失败、经验和困惑里。这样一来，我们就让自己完完全全投入上帝的怀抱中，不再看重自己的苦难，而是看重上帝在世间的苦难——是与客西马尼园里的基督一起观看。"⑤朋霍费尔学习拥抱困惑、失败与苦难，也拥抱那些将他自己的软弱暴露无遗的艰难时刻。

显然，这不是我们习惯听到的那种关于灵性和基督徒生活的高谈阔论。我们倾向于使用得胜、成就和成果、成功和征服这样的字眼。我们更感兴趣的是一种英勇的基督教。所以，要是有一本书讲述软弱的基督教，很有可能要么被视为笑谈，要么被嗤之以鼻。

然而，朋霍费尔发现，源自十字架的基督徒生活的神学，提出了不同于英勇和成功的衡量标准。他写道："当我们在这样的生活中分担了上帝的苦难，成功还怎么能使我们妄自尊大？失败还怎么能使我们落入歧途？"在监狱牢房里，即使当获释的希望以及（远比对自己获释更为深切的）对正义得以伸张的希望，都随着得到的消息一点点消失殆尽的时候，朋霍费尔仍旧宣称："我为过去和现在感

---

⑤ Ibid., 370.

恩,我的心深深为之满足。"[51]能够说出这样的话和活出这样知足的生命,唯独是由于抓住了信心的真谛。即便如此,我们也须谨记,我们的信心是一个礼物。

讽刺的是,几十年后,甚至整整一代人之后,我们连篇累牍,论述的居然是关于迪特里希·朋霍费尔的勇敢和他的英雄事迹。也许,朋霍费尔对于把他看成榜样不会太介意。事实上,他在狱中曾草拟过一本书的大纲(他有多本永远不可能完成的书稿,那是其中一本)。在结尾那章,他指出:"[教会]千万不能低估榜样的重要性(榜样的源头是成为人的耶稣,在保罗的教导中榜样也尤为重要)。"[52]把朋霍费尔看为榜样,这可能会令他尴尬,但他应该不会反驳;然而,如果是把他看为英勇的榜样,那就完全另当别论了。他会对此提出批评,并且提醒我们,只有在我们的软弱上才能彰显出上帝的大能。如同他在伦敦就《哥林多后书》12:9证道时总结的:唯有当我们认识到我们一无所是的时候,我们才终于步入了正轨,要**在基督里**成为所应当成为的。朋霍费尔的榜样体现为:在他的生活里,在他的苦难里,在他的困惑和他的喜乐里,基督都显为大。

耶稣教导门徒说,他"必须受许多的苦"(路 9:22)。事实上,耶稣死而复活后向以马忤斯路上的两个门徒显现时,他仍提醒他们说他必须"这样受害"(路 24:26)。耶稣的受苦意味着被弃绝,意味着

---

[51] Ibid.

[52] Bonhoeffer,"Outline for a Book,"*LPP*,383.

在十字架上受死——这是最极致的牺牲之爱,在他为自己的百姓付上生命代价时表明出来。而在受苦、被弃绝并钉死在十字架上之后,如同耶稣向这两个门徒启示的那样,他"进入他的荣耀"(路24:26)。

在《路加福音》9:22,基督预言自己将要受难,随后他立即发出了一个响亮的委身呼召:"若有人要跟从我,就当舍己,天天背起他的十字架来跟从我。"(路9:23)但凡有谁要做耶稣的门徒,即被呼召要面对苦难和拒绝,感受软弱和压迫。"局外人身份"(Outsider status)成为耶稣及其门徒的标记。朋霍费尔在伦敦时反复咀嚼、静心思考这句经文,后来,这句经文成为他的经典著作《作门徒的代价》的依据和支撑,且贯穿了全书始终。由此,我们再次发现,只要讨论朋霍费尔论基督徒生活,就要讲到朋霍费尔的基督论。

"作主门徒——活在基督里、团契里和爱里"

然而,在审视自己当时所处的环境时,朋霍费尔觉察到"在基督里"出了问题。他发现,这个短语应用的时候有很大缺失,事实上那是一种根本性的重大缺失,因为缺少了基督自己。正如他所说的,"耶稣从我们的视线里消失了。"[53]那时朋霍费尔正在评估考量新教宗派,比如他自己所属的德国路德宗教会。而这位消失不见的耶稣,正是那位被钉死的耶稣,那位降卑的耶稣,那位教导门徒说他

---

[53] Ibid., 381.

53 “必须受许多的苦”的耶稣。一个深刻的讽刺在于，路德宗教会——这个曾宣称要紧紧跟从路德脚踪的教会——正在忘记十架神学。

早在入狱以前很久，朋霍费尔就已经在进行这样的思考了。1932 年希特勒尚未当权时，在柏林的一次讲道上，朋霍费尔就对比过奉上帝之名和奉基督之名。他指出，“奉上帝之名”这种说法何其安全；然而，当引用《歌罗西书》3：1（他的讲道经文）说到“你们若真与基督一同复活”，那就完全是在讲另外一件事了。(54)

后来，当教会转离耶稣，不认耶稣为独一的主时，朋霍费尔清楚地看到教会必须以耶稣为中心，教会必须为受苦的耶稣留出空间。在那部没有机会开始撰写的著作的提纲里，朋霍费尔还提到被钉十字架的耶稣正是我们的榜样。就是这位被钉十字架的耶稣，他被人厌弃，饱受痛苦。就是这位被钉十字架的耶稣，他卑微而来，行事、生活都只为了别人。就是这位被钉十字架的耶稣，他以舍己之爱为他人而活，以牺牲之爱为他人而死。这既是基督徒生活的基础，也是基督徒生活的榜样。这也是朋霍费尔灵性神学的根基和典范。

朋霍费尔的神学和伦理学都源自他的基督论。而他的基督论包含关乎基督的强有力的正统观点——基督的神人二性和舍己的生命、赎罪之死、得胜之复活等等。事实上，正如我们已经指出的，研究朋霍费尔的学者们最近已经把他的“基督-教会论”（Christo-

---

(54) Dietrich Bonhoeffer, “Risen with Christ,” in *The Collected Sermons of Dietrich Bonhoeffer*, ed. Isabel Best (Minneapolis: Fortress, 2012), 41 - 48.

ecclesiology)确认为他神学思想的中心。这一表述并不是说,朋霍费尔仅仅强调基督论和教会论,而是像在《团契生活》中看到的,他的教会论发展自基督论,并与基督论密切相关。两者之间远不只是一种共生关系,也不只是饼干与牛奶或罗密欧与朱丽叶那种关系。

但是,朋霍费尔的神学拼图中还有重要一块:伦理学。所以,虽然有些冗长,我们归纳出的朋霍费尔神学思想的中心是:"基督论-教会论-伦理学"(Christo-ecclesiological-ethics)。或者我们可以简单表述为:在朋霍费尔看来,**生活就是活在基督里、团契里和爱里**。

朋霍费尔所讲的追随基督和拥抱基督是对伦理有要求的——要求我们以一种牺牲的、爱的方式为他人而活。朋霍费尔声称:"教会只有在为了他人而存在时才是教会。"[55]这会是下一章的部分主题。当我们以教会为起点,我们就被推回到基督里,也被推入一种爱他人、为他人而活的生命里。这对朋霍费尔而言,既是他的理论,也是他的实践。而对于我们,再没有什么比"基督论-教会论-伦理学"更好的选择了。再没有比**活在基督里**、**团契里和爱里**更好的选择了。

结论:基督和作门徒的代价

熟悉朋霍费尔的人可能会觉得奇怪,为什么在这样一个关于朋霍费尔基督徒生活观之根基的探讨中,他论及该主题的经典著作

---

[55] Bonhoeffer,"Outline for a Book,"*LPP*,382.

《作门徒的代价》竟然只是略作提及。那么，现在就是抵补的时候。
《作门徒的代价》（德文书名为 *Nachfolge* *）于 1937 年正式出版，但
早在 1933—1934 年间，朋霍费尔尚在伦敦时，就有意向去写这样一
本书了。1935 年，他一返回德国，就热切投入书的写作中，直到
1936 年全书完成。也就是说，成书的这几年时间直接对应的，正是
本章主要讨论的 20 世纪 30 年代对他生命有塑造意义的时期。而当
朋霍费尔从 1933 年酝酿创作到 1937 年付梓成书，这期间，他其实是
以他几乎全部的生命**活出了**书中内容。并且，当时间从 20 世纪 30
年代过渡到 40 年代，当他身在监狱直至走上绞刑架殉道时，他更是
不折不扣地活出了书中内容。

　　书中的阐述再清楚不过。"作门徒就是委身于基督"，朋霍费尔
这样写道。⑤ 基督呼召，我们跟从。特别直截了当，甚至相当容易。
可真要行出来，就得另当别论。从第六章开始，朋霍费尔带领读者
进入"登山宝训"，进入跟从基督这个简单命令的种种困难里。这些
都是不容含糊的要求。但是我们千万不能还未花时间阅读第四章
（"作门徒与十字架"）就直接跳到第六章及后面章节。

　　朋霍费尔在第四章开篇讲的是，基督指着自己说，他必须要受
苦、被弃绝、被钉死。他引用的是《马可福音》8:31—38，与《路加福
音》第 9 章是平行经文。朋霍费尔在此提醒我们基督的命令：我们

---

*　"跟随"之意。——译者注
⑤ *DBWE* 4:59.

必须像基督那样，背起自己的十字架，与基督一同受苦。接着他描述了这一定会带来什么。"每个人都必须经受基督所受的苦（Christ-suffering），其中的第一样，是我们蒙召不再贪恋这个世界。这即是在我们与耶稣基督相遇时老我的死去。"[57]然而这个死去，仅仅是我们的生命、我们**在基督里**的新生命的开端。第二，在基督的受苦里跟从他，会引导我们进入每一天与试探、罪和撒但的争战。而争战会留下伤疤。

但是朋霍费尔接着给出了安慰。"基督徒受苦不会焦虑不安，"他安慰我们说，"相反，那都是恩典和喜乐。"[58]基督不仅自己受苦，更是在十字架上担负了世人的苦难；透过担负苦难，基督胜过了苦难。朋霍费尔说得十分简单明了："基督的十字架是对苦难的得胜。"[59]我们蒙召正是要过这样的生活。我们是"在十字架下"跟从基督。[60]

很可能我们会宁愿从这个呼召、从背十字架的命令下溜走。当我们感觉想要逃离，朋霍费尔就引导我们转向基督，转向基督的榜样和基督的话语。在客西马尼园，基督为我们设立榜样，因他将自己的意思降服在上帝的旨意之下。这样的降服最终为基督带来平安，以及与天父的和好。至于基督的话语，朋霍费尔把我们带到《马太福音》11：30。他指出，人们如何想要甚至能够"甩掉他们身上的

---

[57] *DBWE* 4:87.
[58] *DBWE* 4:89.
[59] *DBWE* 4:90.
[60] *DBWE* 4:90.

担子"。⁶¹ 他们能从十字架下溜走。但是,对于这种溜走,朋霍费尔表示:"这样做压根不能让他们摆脱掉担子,相反,这会使更重、更难担的担子压下来。因为他们自行选择背负自己的重轭。"⁶²所以,我们再次看到了朋霍费尔在他的基督论课程里突出强调的内容:"这位降卑的上帝-人,是虔诚人的绊脚石,是人类的绊脚石,仅此而已。"⁶³换句话说,上帝保守我们脱离了自己的"敬虔"。

相比我们自选的重轭、虔诚的努力和战兢紧张的奋斗,基督的轭是容易的和轻省的。基督的担子的确当受欢迎。所以,朋霍费尔总结说:

> 背负十字架不会带来痛苦和绝望。相反,它会带给我们灵魂的更新与平安,这是我们最大的喜乐。如此,我们不再背负自制的律法和重担,而是背负基督的轭。这位基督认识我们,他也与我们同负一轭。在基督的轭下,我们放心地与他亲近、密切交通。当门徒背起自己的十字架,耶稣就亲自在那里与他们相遇。⁶⁴

对于朋霍费尔,过基督徒生活是从基督开始,从基督对门徒身

---

⑥ *DBWE* 4:91.

⑥ *DBWE* 4:91.

⑥ Bonhoeffer, "Lectures on Christology," *DBWE* 12:358.

⑥ *DBWE* 4:91.

份的呼召开始，从十字架开始。我们是活**在基督里**。我们因十字架而活。或者，正如朋霍费尔在提醒我们要活在团契中时所喜欢使用的表述，"我们是十字架下的教会"。[65] 正是在十字架这里——噢，这真是个悖论！——我们找到了至终喜乐。

---

[65] Bonhoeffer，*Meditations on the Cross*，8.

第三章　在团契里：共同体生活

> 基督教意味着借着耶稣基督并在耶稣基督里团契。基督
> 徒团契，不多不少正是这样的生活……唯有借着耶稣基督并在
> 耶稣基督里，我们才能彼此相属。
>
> ——迪特里希·朋霍费尔，
> 《团契生活》，1938 年

> 教会只有在为了他人而存在时才是教会。
>
> ——迪特里希·朋霍费尔，
> 写自泰格尔监狱，1944 年

在泰格尔监狱，迪特里希·朋霍费尔写过一部小说。他也写过剧本、短篇故事、诗歌、成打的信件、讲义和用于不同场合的讲章。这些讲章——用于亲戚朋友和以前学生的婚礼和葬礼——都被偷偷带出狱外，在他无法出席的场合被朗读。埃里克·梅塔萨斯(Eric Metaxas)在朋霍费尔的传记里* 使用这样的副标题来描述传主："牧师、殉道者、先知、间谍"。但朋霍费尔还是一位作家。他的著作多

---

* 埃里克·梅塔萨斯：《朋霍费尔：牧师、殉道者、先知、间谍》，顾华德译，上海：上海三联书店，2015 年。相关引文主要参考此中文版，以下不再另外注明。——编者注

为非小说类,其中一些已经在基督教思想史上成为经典。但他也写小说。他的作品集第十六卷收集了他的小说,小说部分固然非常短小,但这部分的确存在,也的确是他的小说创作。作为牧师和神学家、殉道者和短期间谍的朋霍费尔,写过一部小说《礼拜天》。

58

杂志编辑雪莉·阿伯特(Shirley Abbott)曾打趣说:"所有的小说都可能是自传。"朋霍费尔的小说也差不多是这样。小说开篇是对主角布雷克夫人的介绍。布雷克夫人手里撑着阳伞,从教会步行回家。她在公园长椅边停了下来,想起以前有一次她和孙子一起从教会回家,路上他们有过一次对话。当时她也是刚听完"又一次糟糕透顶的讲道"。[①] 原来,她的孙子已经对教会和那种讲道很不耐烦了。事实上,布雷克全家的感受都非常相似。她的丈夫——碰巧也是市长——和她的儿子、女儿、孙子、孙女们,陆陆续续都不去教会了。于是布雷克夫人发现,礼拜天她成了独行侠,独自去教会,独自坐在那里,独自回家。这就是布雷克夫人。

最终,布雷克夫人可能也会放弃去教会。然而,按照朋霍费尔对自己笔下主人公的刻画,"她不是那种轻言放弃的人"。[②] 小说中

---

① Bonhoeffer, *Sunday*,未出版小说,*DBWE* 7:73。朋霍费尔曾经写过对讲道的类似评价,那是他在 1939 年第二次美国之行中听了哈里·爱默生·富司迪克(Harry Emerson Fosdick)和其他人的讲道后写下的。这些讲道是在当年 6 月讲的,小说中记载的讲道是在 7 月。参见 Bonhoeffer, "American Diary," *DBWE* 15:217–245。对于富司迪克的讲道,他特别写道:"简直令我难以忍受",*DBWE* 15:224。稍后第六章会讨论他在美国听到的讲道。

② *DBWE* 7:75.

的布雷克夫人锲而不舍,坦诚直率,有什么就说什么。教会很糟糕,因为讲道很糟糕;讲道很糟糕,因为"迎合潮流取代了宣讲上帝的圣言"。③ 布雷克夫人知道,她的教会离弃了自己的责任和呼召。但布雷克夫人不会不战而退。

于是,当她坐在公园长椅上,想起与孙子曾经的对话时,布雷克夫人想到过去本应该告诉孙子的一些事情。有一次孙子说,实际上他已经长大了,志向也随着年龄增长而改变,不再需要教会那些"糟糕的讲道"了。布雷克夫人真希望当时能伸出手来紧握孙子的手,看着他的眼睛告诉他:"你千万不能把可悲的教会代表与基督教信仰混为一谈。"④她希望自己跟孙子这么说过,但她没有。

布雷克夫人无疑代表了朋霍费尔的祖母朱莉·朋霍费尔(Julie [Tafel] Bonhoeffer)。而布雷克夫人的孙子正是朋霍费尔自己,随着小说的展开,他会胜过自己的年少气盛而长大成熟。小说里的教会则完美代表了当时的德国教会,朋霍费尔曾是其中一分子,后来不得不与之决裂。德国某出版社一位审阅这部小说的编辑称其为一部"家族史的沉思"。⑤ 因此,称小说即自传,这说法很有道理。

朋霍费尔的小说不仅是自传性的,也是神学性的,这在今天看来不足为奇。只有神学家才会使用这样的场景作为小说开篇:一次教会崇拜结束后步行回家的路上,发生了一场关于教会讲道的讨

---

③ *DBWE* 7:74.

④ *DBWE* 7:74.

⑤ 摘自导言,*DBWE* 7:8。

论。朋霍费尔让他笔下的布雷克夫人指责自己的教会是真教会的可悲代表,因为他十五年来所参与的**教会斗争**与此密切相关。从许多方面看,这就是他的使命:呼吁教会走出泥潭成为真正的教会。对朋霍费尔而言,这意味着必须宣讲上帝的圣言,必须忠于自己的认信(confession)和教义。随着小说的展开,朋霍费尔给真教会增添了一个标准。真教会应当不被文化对力量的肯定所吞噬,而是被服侍他人的动机所驱动。**服侍**(ministry)一词来自希腊语的 *diakonia*,意思是服务。教会必须为他人服务。当一个教会可以声称自己满足这三个标准:宣讲圣言、忠于认信、注重服侍,这间教会就值得委身。而只有这样,教会的讲道才值得聆听。

朋霍费尔写小说时显然有他的目的。但这并不是说这部小说的文学价值就可以不予理睬。朋霍费尔罕见地同时具有优秀神学家和杰出作家的恩赐。

从小说到学位论文

小说《礼拜天》是朋霍费尔的后期著作之一,但讲述主题和所持视角与他出版的第一部作品《圣徒相通》(*The Communion of Saints/Sanctorum Communio*)完全一致,⑥都是讲教会的本质。他的第一本书出版于 1930 年,那时他刚满二十四岁,这本书由他的博士学位论文修改完成。有意思的是,1927 年到 1944 年间,从学位论

---

⑥ 参见 *DBWE* 1。

文、研讨会论文到诗歌、小说,他的作品始终都围绕着教会的主题。这是他的最爱。

60　　跟大多数博士生一样,朋霍费尔需要在他的导师及自己所修专业领域内完成论文的写作。这使年轻的朋霍费尔——他十九岁就开始攻读博士学位——感到举步维艰。因为神学院的教授们,一派强调神学与神圣启示,另一派则强调社会学,以及有时被称为历史主义(historicism)的理论,这两派之间天差地别,泾渭分明。

　　他们的差异可以描述如下:教会及其所信的是从天上而来的神圣产物吗? 抑或,教会及其所信的更多是横向层面的(horizontal)产物,产生于人的经验并且必然受文化的制约与束缚? 历史主义和社会学一派选择后者,他们甚至把圣经本身也牢牢限定在横向层面上。历史主义者声称,与圣经和神学相关的所有事物都必定产生于文化且受文化限定。他们认为,宗教和基督教只不过就是社会学。而对立的一派强调上帝的启示,即圣经,是自上而下的产物。上帝启示了他的心意——当然是对生活在某一时空、身处某一文化中的人——但上帝是那位"作者"。上帝是发起者、行动者、至高无上的监管者。这种观点认为,基督教和宗教是**神学**而非社会学,基督教信仰来源于神而非人。

　　20世纪20年代,朋霍费尔还只是柏林的一名大学生,他发现自己恰好处在一场自由派与保守派的争战之中。保守派一方是少数派。如果朋霍费尔当时多些筹算,他或许会选择加入社会学/历史主义的阵营。他的母亲葆拉建议他研究教会历史的某一主题,这样他就可以去撰写路德而不用卷入这场争战。葆拉还补充说,日后你会有足够时间研究神学的,"重新考虑一下吧,"这位慈母在写给朋霍费尔的信中苦口婆心地劝导他。⑦ 但是,就像自己笔下的布雷克夫人一样,朋霍费尔的内心在斗争。他不仅选择了教会的主题,还展开了针对教会的**神学**研究。当然,他足够机警,他的论文名为"圣徒相通:教会社会学的神学研究"(*Sanctorum Communio:A Theological Study of the Sociology of the Church*)。最后,他顺利结束了神学学习,通过了学位考试,完成了博士论文——统统都在 1927 年 7 月以前搞定。那时他不过才二十一岁。也就是说,他杀入了那场混战,并且最终凯旋而归。

教会是什么?这个问题曾一直困扰着年轻的神学生朋霍费尔;这个问题成为他博士论文的研究主题;在他早期做牧师和神学家的生涯中,这个问题也一直摆在他面前;这个问题将会把他拖进 20 世纪 30 年代教会斗争的漩涡,一直延续到战争时代;这个问题也经常出现在他唯一的那本小说中。教会论位于朋霍费尔思想的中心。

不过,朋霍费尔的教会论,从来不是一个孤立存在的主题,而总是源自并且回归到基督和他的基督论。朋霍费尔也从未满足于只做教会论的学术研究,他的教会论从不脱离实践和行动。基督论总是并且必定先于、高于并贯穿于他的教会论;而伦理学——朋霍费尔将

---

⑦ 葆拉・朋霍费尔(Paula Bonhoeffer)写给朋霍费尔的信,1925 年 8 月 31 日,*DBWE* 9:148。

其总结为"活在爱里"——则总是并且必定源自和围绕他的教会论。

基督论　　　　　　　教会论　　　　　　伦理学/生活

在基督里　　　　　　在团契里　　　　　在爱里

教会论

"教会是什么?"朋霍费尔在博士论文中针对这个问题的回答值得进一步探究。他的回答开始于一个提问:"人是什么?"因为教会是人组成的群体。紧接着,朋霍费尔就基督教对人的理解指出几点。首先,"人的起源只与上帝相关"。⑧ 人是上帝创造的。其次,人是社会性的。事实上,"人与人之间在本质上绝对地彼此相属"。⑨人与上帝的关系和人的社会性关系,共同对人做出定义,朋霍费尔在论文第二章中如此论述。但是,"原本完好的关系出现了破裂"。⑩朋霍费尔解释道,"第三种力量,也就是罪,侵入了人和上帝之间,侵入了人和人之间"。⑪ 罪扭曲了纵向的上帝-人关系和横向的人-人关系。朋霍费尔在论文中稍后指出,"堕落用自私取代了爱"。⑫

在受到破坏的人类状况中,我们感到不知所措,感到我们自己

⑧ *DBWE* 1:49.

⑨ *DBWE* 1:56.

⑩ *DBWE* 1:63.

⑪ *DBWE* 1:63.

⑫ *DBWE* 1:107.

和这个世界都有什么地方不对劲。各种哲学、宗教,甚至政权都试图针对人类困境给出解决方案。朋霍费尔在自己的祖国德国也看到了这样的尝试。然而这些努力无一奏效。要使每一件事都得到校正,我们需要基督。基督重造了我们。在基督里,我们再度与上帝和好,也再度与他人和好。在基督里,我们真正成为人。基督胜过了人类的问题。被钉死并复活的基督,成为"上帝道成肉身显明给我们的爱——上帝的旨意借此彰显出来,就是更新盟约,建立上帝的统治,进而创建团契"。[13] 正是基督作为"替代性代表"(vicarious representative)的行动,带来了决定性的不同。[14] 上帝与人的团契被恢复,"人与人的团契也重新成为在爱里的实在"。[15]

朋霍费尔认为,基督不仅使教会成为可能,更是"实现了"教会——基督使教会诞生,也亲自驻留在教会的中心。新约圣经关于教会的比喻就是对这一点的揭示。我们是基督的新妇,基督是教会的头,是教会的头块房角石——这些都表明,教会"在基督里并借着基督"存在。[16] 因此,我们始于基督。首先,是"在基督里并借着**基督**",团契有了自己的起点、终点和中心;其次,是**圣灵**借着圣言工作,把我们带进这团契;第三,是**信心**——上帝借着吸引我们的圣灵赐给我们——确保我们进入这团契;最后,**爱**成为这团契的标志。

---

⑬ *DBWE* 1:154.
⑭ *DBWE* 1:155.
⑮ *DBWE* 1:157.
⑯ *DBWE* 1:157.

研究了奥古斯丁的洞见后，朋霍费尔指出：**圣徒相通**（*sanctorum communio*）就是"一群有爱的人的团契/共同体，他们被上帝的灵触摸，将上帝的爱与恩典表现出来"。⑰

这四大质素——基督、圣灵、信心、爱——构成了朋霍费尔的教会论。它们使教会分别出来，不同于哲学家、国王、专家或任何其他人徒劳尝试建立的社群。在所有那些非教会的范式（paradigm）里，上帝-人关系都是缺失的。教会，即圣徒的团契，是唯一真正的团契。

团契与教会

团契这个词在我们这个时代的角色举足轻重。有一个新的笑话正流行开来。在老一辈当中，所有主日学问题的答案都是"耶稣"；而今天，这个答案统统变成了"团契"！好的观念，比如使团契恢复真貌，有时可能会逐渐销声匿迹。

从朋霍费尔的时代转到我们的时代，当代人有一种趋势：对有组织的教会不是轻视就是无视，并用抽象的团契概念取代教会。在一些新兴教会中，就有这种现象。有本书叫《他们喜欢耶稣但不喜欢教会》（*They Like Jesus but Not the Church*），对这种情绪的描述可谓直击要害。教会看起来太机构化，太像现代性（modernity）及其价值观了。持这种意见者有时会从朋霍费尔寻找支持，他们使用朋

---

⑰ *DBWE* 1:175.

霍费尔的团契观并使之与教会对立,他们用团契取代教会。这种做法的根源在于,这些人并未准确理解朋霍费尔,对他的"非宗教的基督教"(religionless Christianity)断章取义。这个术语在诠释朋霍费尔思想的学者中间引起了恐慌。第七章我们会深入讨论这一术语。

从社会学角度看待这种现象能带给我们很多启发。在典型的新型属灵团契里,每一个人看起来都跟自己旁边的人相似。这种团契里不会出现多代同堂,往往是单一群体(monolithic)的聚会,一群成长中的二三十岁的年轻人,带着对福音派或基要主义(fundamentalism)成长背景的种种不满而聚在一起。

回想朋霍费尔在伯特利的经历(第二章探讨过),我们知道,那里各种各样的人参加教会崇拜的景象,给朋霍费尔留下了难以磨灭的印象。即便在芬根瓦得地下神学院,朋霍费尔也努力保证教会崇拜欢迎周围村庄的家庭前往参加。他不希望崇拜时只看到神学生。当然,这些神学生在礼拜堂会有他们自己的崇拜。朋霍费尔希望看到,在教会里年长者与年轻人一同敬拜,强健者与病弱者一同唱诗赞美。显然,单一群体的聚会缺少这种景象。而这种缺乏会令他们遭受更大的损失。保罗关于教会身体的比喻讲得再清楚不过。一个身体,如果全部是胳膊肘,不仅荒诞,而且无用。单一的身体——单一的同龄人群体——并非保罗所讲的教会。真正的基督的身体,由各式各样的肢体组成,有的强壮,有的柔弱,都各有特色、各不相同(参见林前 12:17—19)。

当朋霍费尔强调芬根瓦得团契时——可以说他在那里完成了

那本关于团契的经典著作*——他并没有希望自己辛苦努力建立的团契概念可用于取代教会。朋霍费尔长久以来一直怀疑,德国神学院与大学的常规神学教育,缺少对神学生在教会服侍上的栽培。埃博哈德·贝特格是朋霍费尔在芬根瓦得的学生,也是后来他在狱中时的主要通信人。他曾回忆说,朋霍费尔"确信,祷告应当被教导和学习,然而鲜有大学院系或神学院设有教导祷告的课程"。⑱ 甚至更为重要的是,朋霍费尔竭力纠正神学生在读书期间对自己灵性的忽视。贝特格进一步提到,神学院的课程"令人惊喜若狂",学生们"突然认识到,他们并非仅仅是来学些新技能",并非只是来被动地接受知识的灌输。⑲ 朋霍费尔努力确保学生愿意学习。实际上,当他发现学生的阅读和写作技能不足时,他立即列出一个书单,要求他们在"课余时间"阅读。

朋霍费尔不仅强调严格的牧会教育和预备,还强调要重视受教者本人。他对学生的内在属灵生命关怀备至。由于对人性深有洞察,朋霍费尔意识到,对待这个事工不能听之任之,而是必须有所筹谋,要按部就班地去做。于是他将安排规划精细到了每一天。朋霍费尔建立芬根瓦得神学院,是希望在这里能够避免柏林和其他大学及神学院出现的各种背离正道的事情。他把芬根瓦得神学院视为

---

* 即《团契生活》。——译者注

⑱ Eberhard Bethge, *Dietrich Bonhoeffer: A Biography*, enl. ed. (Minneapolis: Fortress, 2000), 464.

⑲ Ibid., 450. 贝特格这里讲的特别指在苓斯特(Zingst)的神学院,是地下神学院在芬根瓦得之前的暂时处所。

一个团契,在这里,人们一起祷告,一起唱诗,一起受苦,一起吃喝,一起工作,也一起娱乐。如果恰逢风和日丽,朋霍费尔会暂时停课,领着学生们去森林远足,或到田野踢一场足球。

在芬根瓦得,朋霍费尔无疑非常看重团契,但同时他也十分重视教会。他举行的教会崇拜包括讲道、圣礼和崇拜仪式。当他第一次到芬根瓦得居住地考察时,他的优先考虑是找一个适合主日崇拜的房间。所有这一切都表明,当朋霍费尔提到团契,他主要指的就是教会。那些就团契的主题查考朋霍费尔思想的人——他们定能从中获益匪浅——必须十分留心,当他们回到今天讨论和寻求团契发展时,一定不能把教会弃置一旁。对于朋霍费尔而言,教会从来就是团契,反过来说也十分接近真理,即:**团契**——朋霍费尔所倡导的真正的团契——**几乎总是教会**。

请注意"几乎"这个词。当朋霍费尔在写作时提到团契,他**主要**是指教会。我们今天需要小心,在强调团契时不要牺牲了教会的意涵或是忽略了教会。但朋霍费尔的确使用了"几乎总是"这个表达。也就是说,我们在小心谨慎的同时,也应认识到,教会**并不完全是**朋霍费尔论及团契时的所指。朋霍费尔也倡导同龄人群体组成的团契,比如在芬根瓦得的团契,以及更早的称为"周四论坛"(Thursday Circle)的团契。这些团体和教会一样是真正的团契。

"周四论坛"是朋霍费尔1927年在柏林创立的。团契里是一群年轻人,十八九岁左右,都是朋霍费尔亲自选定加入的。他们通常在下午五点二十五分到七点之间碰面——我们不得不佩服朋霍费尔时间把握的精准。他们会围绕一组既定主题展开讨论,由朋霍费尔带领,但讨论中他从不独霸时间。梅塔萨斯指出,朋霍费尔创立周四论坛,是因为"他认为培养下一代的年轻人极其重要"。[20] 论坛中有一位成员戈茨·格劳希(Goetz Grosch),后来成为朋霍费尔在芬根瓦得的学生。不过,梅塔萨斯在书中有一些令人哀伤的记述:"不幸的是,格劳希和其他多数周四论坛的年轻人后来都在战争中丧生,不是裹尸沙场就是死于集中营",因为他们当中有不少人都是来自犹太家庭。[21]

我们不应忽略一种小圈子的团契——由具有深厚友谊的朋友组成。在朋霍费尔的友谊中,或许最能说明这种团契特点的就是他和埃博哈德·贝特格的友谊了。遗憾的是,他们这种友谊如高山流水,举世难觅。这是那种每个人都想要、甚至需要的一种友谊。朋霍费尔是他们二者中较年长的那位,更早时他是导师的角色,但随着时间推移两人的关系日益深固,朋霍费尔开始将自己与贝特格的友谊视为避难所。1944 年,朋霍费尔写了一首诗纪念这段友谊,简单取名为"朋友"。诗歌描述了友谊在建立中不断推进,倾诉了对青春时光的追忆,表达了对曾在"奇妙、遥远的国度"[22]一同探险的玩伴的思念。但当年龄渐长,生活渐安,我们的心会更加"渴求在灵魂里

---

[20] Eric Metaxas, *Bonhoeffer: Pastor, Martyr, Prophet, Spy* (Nashville: Thomas Nelson, 2010),64.

[21] Ibid., 65.

[22] Bonhoeffer, "The Friend," August 28,1944, *DBWE* 8:528.

相知相交的友情"。㉓ 若是上帝赐下这种友谊,我们必定视同珍宝。
我们珍视,是因为我们需要它:

> 有如一座危险与混乱过后的城堡
>
> 灵得以返回其中,
>
> 在此找到庇护、安慰和力量,
>
> 这就是朋友加给朋友的。㉔

66

　　上面这些类型的团契在我们的属灵生活中也发挥着重要作用。
对朋霍费尔而言,它们不可取代教会,甚至不可优先于教会。它们
是教会的低等替代品。在新约圣经里,教会是上帝应许要赐福的机
构。我们过基督徒生活,重中之重就是每个个体与地方教会的连
结。这些团契——作为普世教会的一部分——则是地方教会的支
撑。当它们取代了教会,在生死攸关的关键点上就必然出现错谬。

过去的团契之灵

　　朋霍费尔看待教会有很宽广的视野,他知道教会不仅局限于当
代。我们所属的教会有着悠久的历史。在一篇大约写于 1940 年前后
的讲座大纲"神学与会众"(Theology and the Congregation)中,朋霍费

㉓ Ibid., 529.

㉔ Ibid., 529.

尔问及神学教育对教会会众的价值。其实他真正要问的是,神学院的课程设置、神学生选修的课程对会众有什么意义。比如,教会历史对会众有什么重要性?朋霍费尔随后用一组命题展开解答。会众一定要有圣经和接受圣经教导。然而他主张,"绝不能忽视在我们和圣经之间,矗立着一个有历史的**教会**。"㉕紧接着他写道:"绝非圣经主义(Biblicism)!"㉖

朋霍费尔在此提醒我们,我们是个有历史的群体。如今的福音派世界,在一些圣经主义大行其道的地方,对教会历史的无视十分显著。这种圣经主义的灵性观往往使那些虔诚的信徒以为,自己最好做个独行侠。他们有圣灵,有圣经,因此就具备了追求生命和敬虔的一切所需——尽管透过圣经说话的圣灵已经启示,我们受造理当活在团契里。实际上,圣经主义远不只是视圣经为权威那么简单。

路德曾有力、大声地宣告**唯独圣经**(*sola Scriptura*),但他也郑重提醒,我们需要教会历史,需要与我们的过去建立有意义的连接。在《论公会议与教会》(On the Councils and the Church)一文中,路德强调,过去的历代教会并不是一种权威源头,因为唯独圣经是教会的权威。㉗ 路德清楚地看到,罗马天主教把教会传统看为权威是明显错误的。但是,路德也对过去历代教会给予了高度重视。其

㉕ *DBWE* 16:495.

㉖ *DBWE* 16:495.

㉗ 路德的这一短篇作品,可见于 Timothy Lull and William L. Russell, eds., *Martin Luther's Basic Theological Writings*, 3rd ed. (Minneapolis: Fortress, 2012), 363 - 385。

实，人们更应看到路德是一位不情愿的改教家。他的最初愿望是在自己教会内部推行改革，直到教会把他踢了出去，他才在德国着手重新建立教会。教会传统并不是终极或最终的权威，权威单属于上帝的圣言。但是，传统的确有其一定程度的权威性，而且传统肯定是有帮助、有启发作用的。路德强调，对教会传统弃之不顾会给我们带来危险。

对基督徒生活而言，更是如此。过去的基督徒团体，对我们理解圣经和做基督门徒的含义既大有裨益又富有指导性。单从朋霍费尔这位前辈身上，我们就能学到很多。历史很重要。在我们和圣经之间并没有鸿沟，相反，那里有历代教会。

《团契生活》

上面简略讨论了朋霍费尔对"教会是什么"的解答，现在有必要对朋霍费尔有关教会生活的思想做一深入探讨。朋霍费尔在《团契生活》中描绘了一幅鲜活有力的教会生活画面。书中呈现的是在芬根瓦得神学院他和一小群神学生的经历。神学院在 1937 年 9 月下旬被盖世太保关停。随后的夏天，一部分学生在岑斯特聚集。最初参加培训的神学生中有多位因被捕入狱而不能到场。那次聚会后，朋霍费尔坐下来，开始写《团契生活》，主要集中在 1938 年 9 月写完全书。

朋霍费尔希望《团契生活》能够建立一种关于教会的新型思考方式——以基督为中心思考教会并进而带来对他人的服侍。他审视自己时代的教会时认识到，在以基督为中心和服侍人两方面，教会都存在严重缺失,这直接导致了教会的瘦弱贫瘠。随后他再次强调基督,我们又回到上章讨论过的朋霍费尔基督论的起始点。杰弗里·凯利(Geffrey Kelly)是朋霍费尔作品集包含《团契生活》那一卷的编辑,他提醒读者,朋霍费尔早期论文和思想中的主题贯穿了这部作品的始终。他说:"《团契生活》从没有偏离过基督中心论(Christocentrism)。"㉘他还指出,

> 我们不得不注意到,耶稣基督的动态实在(dynamic reality)贯穿于《圣徒相通》全书。基督在基督教会里的替代性行动(vicarious action),正是有形之圣徒团契中的生命原则。除了注意到这一点,我们还要重视朋霍费尔后来在《团契生活》中描述的耶稣的同在——正是耶稣的同在让基督徒团契充满生命力。㉙

简言之,基督使团契成为可能,基督也使团契生活成为可能。或者正如朋霍费尔亲自表述的,"基督教意味着,借着耶稣基督并在耶稣基督里团契。基督徒团契不多不少正是这样的生活。"㉚这正好

㉘ Introduction,*DBWE* 5:8.

㉙ Ibid.

㉚ Dietrich Bonhoeffer, *Life Together*, trans. Jon W. Doberstein (New York:Harper,1954),21. 相比 *Dietrich Bonhoeffer Works*(DBWE 5)中的 *Life Together*,我更喜欢这个版本,因它更通俗易懂。下文简称为 *LT*。(此书引文参考朋霍费尔:《团契生活》,邓肇明等译,北京:宗教文化出版社,2011 年;以下不再另外注明。——编者注)

就是他博士论文里的阐述。不过,在这里他有更多话要说。写《团契生活》时,他刚从芬根瓦得获得了更多崭新的经验。这些经验使他对已知的真理有了更丰富的认识。

经验教导他的其中一点与我们看待教会生活时的理想主义有关。我们会盛赞基督徒团契,仿佛它是某种乌托邦公社(utopian commune)。但朋霍费尔表示,这种想法要尽快摒弃。乌托邦的故事看起来差不多是这样的:教会由一群基督徒组成,他们有圣灵内住,被赐予基督里的新生命,得到一颗新心,有恩上加恩的福气,因此,人与人之间最大程度地彼此相爱。可是很快就有人发现实情并非如此。于是,有人会变得消沉、困惑起来,甚至心生怨恨。再之后,有人索性逃之夭夭。

朋霍费尔把这种情形称为"如意梦"(wish dream),正是由于这种幻梦,"无数次,原本完好的基督徒团契走向了瓦解坍塌"。㉛ 然后朋霍费尔说了让我们震惊的话。在写到"上帝的恩典如何迅速粉碎这种美梦"时,朋霍费尔强调,"因其纯粹的恩典,上帝不容许我们活在不切实际的梦想里,哪怕只是片刻停留。"㉜上帝用他的恩典打碎我们对和平与和谐的不实之梦。教会并非一个嬉皮公社或时髦人士俱乐部。朋霍费尔指出,愈早直面这种对自己的幻灭、对他人的幻灭,对我们和教会就愈有好处。我们应当现实些,抱持一种现实

㉛ *LT*, 26.
㉜ *LT*, 26 - 27.

主义心态能帮助我们在建立真实的教会团契的路上走得更远。

我们需要认识所有自身的局限、软弱和缠累我们的罪,也要认识到在其他人包括领袖和伟人身上有着同样的问题。这使我们拥有真实的而非不切实际的团契生活。教会不是一场"如意梦"。我们必须去除错误的热心——就是把基督徒生活当成是在美梦里。基督徒生活跟教会一样,存在于现实世界。

为了帮助我们建立真实而非理想化的团契,朋霍费尔提出了两种方法:饶恕和感恩。我们自己是活在"耶稣的饶恕之爱里"。[33] 我们理当同样饶恕在基督里的弟兄姊妹。培育感恩的心,也可以帮助我们超越困难、过失和教会生活里出差错的情形。至此,我们应能明白,为什么教会是**借着**耶稣基督而成为教会。

然而,饶恕往往被轻看及疏于践行。我们并不总能做到正中靶心。出错的时候,我们常会希望保全面子或者为自己的行为尽力辩解。我们回到那种典型的要么对抗、要么逃跑的机制里。这二者我们都很拿手。因此,唯有谦卑下来,我们才能承认错误与过失,才会悔改,才会寻求饶恕,才会弥补修复。这不仅需要工作投入,也需要时间。

同样,感恩也常被轻看及疏于践行。同样需要谦卑才能说出"谢谢你"。而说出"谢谢你",意味着一个人对另一个人有依赖、有需要。客气、合宜地接受感谢时,谦卑也扮演着重要角色。朋霍费

㉝ *LT*, 28.

尔强调饶恕——寻求被饶恕，也给予饶恕；亦强调感恩——表达感谢，也接受别人的感谢，并视二者为建设真基督徒团契的两大武器。在这方面，朋霍费尔再正确不过了。

再者，饶恕和感恩都使我们回到福音，而教会团契以福音为核心基础，也围绕福音建造。因为教会是**在基督里**，所以朋霍费尔认为教会与道成肉身的基督在目标上一致。耶稣活出并宣告了救恩的信息，他来是为要宣布人与上帝的和好。之后耶稣在十字架上受死，是为要成就这个和好。所以，朋霍费尔认为，我们的目标就是宣告与上帝和好的信息。在基督徒团契里，我们是"救恩信息的信使"。[34]

聆听

话语服侍是大家都喜欢做的服侍，除此之外，教会里还有许多其他服侍。《团契生活》全书共有五章，其中一章朋霍费尔把它命名为"信徒的服侍"。由于这本书出自朋霍费尔在芬根瓦得的生活体验和他与将来要服侍教会的神学生相处的背景，人们会以为他在这里想讲的只是教会事工。然而，朋霍费尔的这本书远非只是面向教会神职人员。在朋霍费尔的思想中，每一个上帝的孩子都是服侍者；所有基督徒都蒙召进入服侍。通过讨论七项教会的具体服侍，他向我们详述了服侍的工作。

---

[34] *LT*, 23.

朋霍费尔认为,服侍无关乎权力和权柄,而是与服务相关。"服侍"(ministery)这个词的希腊语 *diakonia* 原意就是"服务",是朋霍费尔倍加推崇的词之一。因此,他的服侍清单反映出服侍的这一根本出发点。

这个清单在列出的项目和项目的前后顺序上都别出心裁。比如"讲台"服侍——常能赢得众人瞩目、产生基督徒明星(是的,我们福音派里的确有)的服侍——排在最后。具体而言,**宣扬圣道**(proclaiming,包括但不限于传道和讲道)和**属灵权柄**(authority,比如牧者权柄的使用)分别放在了第六和第七位。倒数第一位和倒数第二位,不言而喻,都不是要优先看重的项目。而相应排在前五位的是:

- 勒住舌头的服侍
- 温柔的服侍
- 聆听的服侍
- 助人的服侍
- 担当重担的服侍

朋霍费尔将"安静不说话"视为一种自律,配称为最高的美德。他把**勒住舌头**的服侍放在首位。他写道:"我们如果从一开始就操练勒住舌头,那么每个人都会有无与伦比的发现。我们不再对别人无休止地吹毛求疵、论断和定罪,也不再把别人置于他可随意支配的地方。"㉟更可喜的是,我们惊觉"上帝创造这个人,实非按我想让他成为的样子……因此,这个人,自由地照着他在上帝心意下的受造,成为使我喜乐的理由,而不再像以前那样总是令我生厌,带给我烦恼"。㊱

　　清单中的第二项是**温柔**的服侍。朋霍费尔认为,温柔是整个服侍即服务的关键。"谁要学习服侍他人,必须首先学习轻看自己。"㊲在这一点上,朋霍费尔把我们带到基督和十字架那里——这也正是他教会论后面部分的内容;他说:"只有在耶稣基督里借着罪得赦免而活的人,才能正确地轻看自己。他非常清楚,当耶稣的赦免临到他的时候,他自己早已是智穷力拙。"㊳温柔也需要我们与不受欢迎和卑微低下的人相连。朋霍费尔承认,对此我们常天然地予以抗拒。天然倾向和文化背景使我们经常依据社会阶层去尊重或歧视他人。但是朋霍费尔提醒,我们都是一样性情的罪人。他在其著作的其他地方强调,我们都有上帝的形象,是生而平等的受造。温柔带来"真正兄弟般的服侍"。

　　清单上第四和第五项服侍继续围绕"兄弟般的服侍"这一主题。第四项是**助人**的服侍,甚至包括那些"轻而易举的事上的少许帮助"。㊴ 朋霍费尔挑战我们要能接受一种"上帝的打断",搁置自己的

———————

㉟ *LT*,92.
㊱ *LT*,93.
㊲ *LT*,94.
㊳ *LT*,95.
㊴ *LT*,99.

计划以帮助那些不期而至的求助者。我们不仅蒙召去助人，也蒙召**互相担当重担**（加6:2）。在此，基督继续为我们树立榜样。他背负了我们的重担，这重担是我们的罪和我们对上帝的悖逆。我们彼此担当重担，实在理所应当。朋霍费尔指出这是我们的责任："在十字架下的团契里，大家彼此互担担子。如果谁在团契里体验不到这一点，这团契就不是基督徒团契。如果任何一个成员拒绝担别人的担子，他就否认了基督的律法。"⑩

刚才我们跳过了第三项：**聆听**的服侍。写作上有条经验法则是，要像躲避瘟疫一样避免使用陈词滥调。编辑并未对此明令禁止，那应该只是玛代人和波斯人的法则（这是一般的大众说法）。但编辑的确强调：有种令人生厌的陈词滥调，所谓的朴素智慧，平庸而不会有什么实质贡献，一定要避免。下面这句谚语，虽然算是老调重弹，但它无疑富有深意：上帝赐给我们两只耳朵一张嘴巴，是大有原因的。聆听——专注、感同身受地倾听——做起来实在难而又难。相比之下，说话则容易太多。因此耶稣的弟弟雅各警告我们，要"快快地听""慢慢地说"（雅1:19），而不是反着来。下面我们来了解朋霍费尔怎样讲论关于聆听的服侍。

朋霍费尔一开始就宣称："在团契生活中最亏欠他人的服侍就是聆听。"⑪他继续很扎心地指出："许多人都在寻找能听的耳，但在

---

⑩ *LT*, 101.

⑪ *LT*, 97.

基督徒中他们找不到,因为基督徒们该听的时候一直在说。"⑫不能聆听,不仅使服侍的机会丧失,也使自己面临更大危险。朋霍费尔指出:"倘若有谁不再听他的弟兄说话,很快,他也就不再听上帝讲话;因为在上帝面前,他所做的也只会是喋喋不休地说。"⑬似乎朋霍费尔感觉强调得不够,他接着补充了令人战兢的评论:"这是他属灵生命死亡的开始。最终,在一堆属灵的闲聊与毫无生命的夸夸其谈中,剩下的不过只是他嘴上的虔诚。"⑭我们有聆听的义务。我们聆听,不是那种经常表现出的"不耐烦、不用心的听",而是"用上帝的耳朵聆听,好叫我们能讲出上帝的话语"。⑮

最好在这里稍作停留,再思考一下聆听的服侍。聆听不需要什么特殊技巧,只要求自律,闭上嘴,并且保持全神贯注。就像朋霍费尔说的,无论教会内外,大家都在寻找能听他们说话的人。如果声称自己太忙没工夫听人说话,就意味着把自己放在别人之上,认为自己比别人更重要。这也就意味着,我们没有爱我们的邻舍。

贝特格总结朋霍费尔的讲道是"一语中的,他澄清问题,并且提出具体要求"。⑯ 这个评论同样适用于朋霍费尔对服侍的讨论。朋霍费尔使教会生活的内容清晰有序,所强调的每项服侍,都明确指

73

---

⑫ *LT*, 97 - 98.

⑬ *LT*, 98.

⑭ *LT*, 98.

⑮ *LT*, 99.

⑯ Bethge, *Dietrich Bonhoeffer*, 444.

出相应的责任。㊼

当前面的五项服侍及相应责任讲清楚后，朋霍费尔开始讨论
"讲台"服侍。事实上朋霍费尔认为，如果缺少前五项服侍，讲台服
侍就跟他的小说开篇描述的讲道一样，不过是些空洞的高谈阔论。
在《团契生活》里他用的词是"虚空的言语"。"当聆听、积极助人和
互担重担能切实行出来，最终最高的服侍，即上帝圣言的服侍，才能
落到实处。"㊽这句话值得做些分解。首先，朋霍费尔强调，在从事宣
讲圣道的服侍之前过真正的基督徒生活极其必要，即常言所说：行
其所当行。同时，他也强调，宣讲圣言也是至关重要的，即常言所
说：**务必**言其所当言。

如果做不到清楚明白、前后一致、鲜明突出地宣讲上帝的圣言，
教会就不是教会，基督徒团契也不是真基督徒团契。今天，福音派
中出现一种趋势，他们大力强调服侍，却削弱对圣言的宣讲。这种
路数十分危险，会导致教会远离她的安身立命之本，脱离她在世上
的独有使命。还有些福音派的做法是，忠实地宣讲上帝的圣言，却
日益削减对人的服侍。他们宣讲福音，却如同是讲给聋子听，以致
人们充耳不闻，因为他们缺乏信实，缺少真正的主动关怀。这种做

㊼ 更多朋霍费尔的讲道，参见 *The Collected Sermons of Dietrich Bonhoeffer*，ed. Isabel
Best (Minneapolis：Fortress，2012)，书中收录了选自 *DBWE* 的诸多讲章。最有价值
的是有一章导言，探讨作为牧师的朋霍费尔，以及他的讲道的重要性。每一篇讲章都
有一个简短的背景介绍。这是最好的朋霍费尔讲章汇编，涵盖了他一生的讲章。
㊽ *LT*，103.

法也同样危如累卵。这七项教会服侍的清单，清单的排序及朋霍费尔的劝诫，对于纠正上面两种错误都会大有帮助。

我们继续从朋霍费尔那里学习到，教会是一个复杂的有机体。用比喻来说，教会就像一台发动机，有多个起火活塞，当所有活塞点燃，教会就能活力四射；否则就只能"突突突"地抖动，出现严重故障，急需技工的介入。

对教会多重服侍的探讨与基督徒生活的关系，可以归结为：教会走到哪里，我必随之。没有孤立的基督徒生活。七项服侍有个共同点：每个人都需要他人。我们不能把基督徒生活和合乎圣经的灵性从教会团契生活中抽离出来。更何况，凡是对建造健康教会有益的，也定能带来健康的灵性。

人们精疲力竭

令人欣慰的是，这位《团契生活》的作者也同样说道："我发现，人们精疲力竭。"[49]在讨论团契生活对我们的要求时，这句话是对真实状况的检视。基督亲自为我们设立榜样：他一次次从拥挤的人群中、从门徒中、从那些极度疲乏的人中间退去。

朋霍费尔在"独处的日子"这一章讲到了这个内容。我们需要有个地方独处和安静。可是，我们今天的世界并不适合独处和安静。最重要的是，我们人类就是以容易分心著称。帕斯卡尔（Blaise

---

[49] 朋霍费尔写给玛利亚·冯·魏德迈的信，1943年12月1日，*LPP*，417。

Pascal)是法国的哲学家、数学家,也是一位有智慧的基督徒,他指出:"我经常在想,人不快乐的唯一原因,就是他不知道如何在自己房间里安静待着。"⑩

我们的文化是 iPod 文化,耳朵里一直塞着耳机。我们对安静毫无耐心,也无毅力。然而,安静是我们的必需品,安静对团契更是必不可少的。

讲到安静,朋霍费尔并不是指空洞的冥想。他乃是认为,"安静,就是在上帝的圣言面前单纯地沉静下来。"⑪朋霍费尔其实反对那种"超越语言"的神秘渴望。只有当我们在圣言面前安静,真正聆听圣言时,我们才是在尊崇和领受它。除了这种独自安静默想上帝的话语,我们也需要花整天时间独处,做"私祷和代祷"。⑫ 后面第四章和第五章,我们会深入讨论这些灵修操练(读经、祷告和代祷)。此刻,我们需要聆听朋霍费尔的话语:"凡不能独处的,就当留心团契生活";紧接着他又说:"凡不能在团契中生活的,就当留心独处。"⑬

结论:主啊,你要我做什么?

我该如何度过自己的一生?我们所有人都会在人生的某一时

---

⑩ Pascal,*Pensées* 139,转引自"Addicted to Diversion and Afraid of Silence," http://thegospelcoalition.org/blogs/justintaylor/2011/08/26/addicted-to-diversion-and-afraid-of-silence。

⑪ *LT*, 79.

⑫ *LT*, 81.

⑬ *LT*, 77.

刻努力思考这个问题。作为基督徒,我们深知自己现在所做的一切都有其永恒的后果,所以这个问题就更显迫切。有时这个问题会有另一种表达形式:上帝对我这一生的旨意是什么? 有时,我们会想自己是否应该全职服侍。有时,平信徒会为自己工作的意义纠结。有时,高中生、大学生和二十多岁的年轻人(二十七岁现在是新的十八岁,对吗?)面对令人眼花缭乱的选择无所适从。有时更常见的情形是,这类问题会阻挠我们。它们拽着我们倒退,而不是推着我们进步。

如果朋霍费尔遇到一位如此受困的人,他可能会说:去做点什么吧。去服务某个人——那就是服侍,那就是上帝的旨意。当然,审时度势、讲求策略、严肃反省,都是有道理的。不过我们也需要一个地方等候神,花一段时间退修,独自省思。但是,我们有时候会过度思考,有时候又太自我放纵。朋霍费尔在《团契生活》里列出了七项服侍,我们所有人都至少能做好其中一项,还有不少人擅长其中的多项,甚至有个别教会的信徒大有恩赐,所有七项服侍都能做到得心应手。也就是说,我们都有能力做些什么。我们每个人都蒙召进入服侍。

对上帝旨意的寻求也经常和我们与教会的关系有关。看问题、挑毛病往往非常容易。当今的消费者文化已经训练我们以消费者的身份去看待生活里的一切事物。甚至我们与教会的关系,也被看作是一种消费关系,要选购最便利、最能带来自我满足的“商品”。朋霍费尔提醒我们,教会由人组成,而人都是罪人,因此教会可能乱糟糟、麻烦不断、令人失望。一旦带着消费思维来到教会,就失去了真正的基督徒团契。团契——究其基础和本质而言都是由不同的人构成——包含着重担与患难、挑战与困难。显然这当中没有一个词是好听的广告语。然而,那些与你患难与共的人,也恰恰是与你连接最深的人。

团契如果是真团契,就会让上帝的圣言自由管治。如同一个技艺娴熟的木匠手里的木工刨,圣言雕琢我们,敲掉我们的棱角,调整和塑造我们以便合用。在此也同样没有什么好听的广告语。我们天性喜欢享受个人自由,乐于自主掌控生活。但是,在团契里,我们蒙召要顺服——顺服圣言并且彼此顺服。归根结底,我们是要顺服那位万有之主(参见罗 6:17—22,保罗赞美作义的奴仆的自由)。

一旦真正的基督徒团契被剥夺,真正的基督徒生活也一并被剥夺。从积极意义来看,当我们经历真正的基督徒团契(大家共同的生活),我们也就有了真正的基督徒生活(自己个人的生活)。这就是为什么教会论位于朋霍费尔神学的中心,也位于他基督徒生活之神学的中心。基督徒生活是在团契里生活,即"在耶稣基督里并借着耶稣基督"存在的教会团契。

操练

第三部分

这相当重要。耶稣告诉我们，当我们向上帝祷告时，首先要思想关于上帝的一切。在这段时间里完全把自己放在一边。你要明白，关于祷告更重要的是要先学会说：你的名，你的国，你的旨意。首先是你，接着还是你。是你的名，不是我的名；是你的旨意，不是我的旨意。

——迪特里希·朋霍费尔，

要理问答课上关于主祷文的教导，

柏林，1930 年

倘若我们是毫不感恩的人类，又怎能做到这些呢？

——迪特里希·朋霍费尔，

关于《帖撒罗尼迦前书》5：16—18 的讲道，

泰尔托，1930 年

第四章　圣言

> 那些领受了上帝圣言的人，必定开始寻求上帝；他们别无选择。
>
> ——迪特里希·朋霍费尔，
>
> 《诗篇》第 119 篇默想，1939 年

> 我阅读，默想，写作，在牢房里来回踱步——只是没有像北极熊那样用力蹭墙……我正在从头到尾通读圣经。
>
> ——迪特里希·朋霍费尔，
>
> 写自泰格尔监狱，1943 年

关于迪特里希·朋霍费尔归属哪个信仰派别，有一场小题大做的辩论。其中一方是自由派，他们认定朋霍费尔非他们阵营莫属；另一方是神学保守派，声称朋霍费尔的遗产单单归属他们旗下。谁是对的？或者更尖锐的问题是，朋霍费尔是福音派吗？

这场辩论已经持续很久，埃里克·梅塔萨斯极受欢迎的朋霍费尔传记使得辩论在近期再度激烈起来。梅塔萨斯在他的书和访谈中都大力宣传朋霍费尔是保守派，他表示朋霍费尔并不像是自由派。一些来自朋霍费尔"协会"（guild）的人士对此予以反击。这些学者是"国际朋霍费尔学会"（International Bonhoeffer Society）的人

员，他们负责朋霍费尔作品的翻译与学术交流工作。他们反驳，梅塔萨斯显然是找自己想要的朋霍费尔。有一位学者甚至揶揄梅塔萨斯不妨把传记更名为《被绑架的朋霍费尔》(Bonhoeffer：Hijacked)。也就是说，梅塔萨斯不过是企图找出一个神学上保守又被福音派认可的朋霍费尔，于是他找到了足够素材达成了这一意愿。

令人惊讶的是(或许也不足为奇)，福音派右翼也不放过朋霍费尔，并与梅塔萨斯的观点格格不入。他们列举了朋霍费尔的"非宗教的基督教"观点、对普世教会运动的支持(他竟然还钦佩甘地!)，以及杀手锏——朋霍费尔和卡尔·巴特(Karl Barth)的关系。他们一口咬定，所有这些都足以证明朋霍费尔跟他们不是一路人。

"非宗教的基督教"观点一直是福音派在评估朋霍费尔时争论的焦点。以厄尔·凯恩斯(Earl Cairns)的教科书《基督教史》(Christianity through the Centuries)为例，凯恩斯果断、却是错误地把朋霍费尔列入"上帝已死"(God is Dead)阵营。① 凯恩斯也指出："迪特里希·朋霍费尔(1906—1945 年)曾受巴特和布尔特曼(Bultmann)的影响，声称人类在智力上'已届成年'(come of age)。"②

---

① "上帝已死"派神学家，例如托马斯·阿尔蒂泽(Thomas J. J. Altizer)，认为一位超越的(transcendent)上帝，甚至是"超越"(transcendence)概念本身，已经站不住脚了。他们提出一个完全临在的(immanent)宗教表达。对"上帝已死"派神学家而言，基督教无非就是社会学或人类学的内容。他们的说法大受欢迎，《时代》杂志还为此专门出了一期；1966 年 4 月 8 日的期刊，封面上的问题令人读来顿感不祥——"上帝死了？"

② Earl E. Cairns, *Christianity Through the Centuries：A History of the Christian Church*, 3rd ed. (Grand Rapids：Zondervan, 1996), 465.

相当遗憾,凯恩斯并没有看到,朋霍费尔对这一人类成年说持何等反对的态度,而非赞成——与那些"上帝已死"派神学家的意见迥然不同。"非宗教的基督教"观点,虽被凯恩斯用来声称朋霍费尔就是十足的自由派,最终却成了没什么说服力的托词——更不用说,朋霍费尔对巴特、(尤其)对布尔特曼是持批评态度的。事实上,朋霍费尔一直、也继续被冠以完全不符实的名衔。

　　而相关的辩论并没有停止。争论朋霍费尔是自由派还是保守派,意义何在呢? 也许答案之一就是"没太大意义"。只要愿意,我们大可从教会历史中找出任意多的前辈,对他们属于哪个派别辩论一番。比如,路德因奥古斯丁对归算为义(imputation)阐述不清而责问他。也有人指出,约翰·威克里夫(John Wycliffe)对称义(justification)阐述不清。而对中世纪众多神学家和神职人员的神学,我们又该如何看待? 单是对托马斯·阿奎那(Thomas Aquinas)一个人,当代福音派就众说纷纭。因此,在这些谁属于哪个派别的争论中,我们要格外小心,要避免妄加评论处于特定历史情境下的前辈们。

　　叩问辩论的意义还有一个可能的答案,即这场辩论意义生死攸关。如果作为神学保守派意味着对基督和基督的工作持正统信仰,相信基督是上帝-人且只有他凭十字架上的代赎工作施行救赎,相信圣经是上帝唯一具有权威性的圣言,那么,朋霍费尔属于哪个阵营就事关重大。与美国自由派针锋相对的神学保守派斗士梅钦(J. Gresham Machen)在《基督教真伪辨》(*Christianity and*

Liberalism，1925年）中强有力地辩论说：你可以随意否认保守的基督论和基督救赎观，甚至你可以随意否认保守的圣经观，* 但你不能在否认这些的同时还称自己所信的是基督教。你不能随意这样做，正如你不能随意去画正方形的圆——不言而喻，那是自相矛盾。

朋霍费尔在神学方面保守的真诚（*bona fides*）十分重要。如果他的神学有误，他就不能对我们过基督徒生活带来可靠的指导。如果他的神学有偏差，他的灵修神学模式就不值得我们效仿。"正统行为"（Orthopraxy）源自正统信仰（orthodoxy），孤立的"正统行为"必定脆弱无力。

在第二章我们看到，朋霍费尔的正统基督论如何为过基督徒生活提供了稳固根基。本章我们将探讨，朋霍费尔正统的圣经观，可以怎样为过基督徒生活建立起扎实的基础。虽说他的圣经观使我们远离对灵性本质的基础性探究，但他的圣经观带领我们立刻从理论（神学和教义）进入实践，进入读经的属灵操练。而且，他读经方面的实践，直接引导我们顺服上帝，并且活出基督门徒的样式。

基督徒是圣书的子民。我们有自己的属灵导师、领袖，有研讨会，有技巧——这可以说好，也可以说不好。但是最终，我们都必须回归到**圣书**，并以这书维生。任何基督徒生活的神学、任何灵修，都必须总是回到圣经，从圣经而来。基督徒生活的命脉就是上帝赐给

---

* "保守的观点"也可译为"高派的观点"（a high view of），与"非保守的观点"，即"低派的观点"（a low view of）相对。——编者注

我们的圣言。只有圣言恒久长存,其他任何事物,包括我们的技巧、研讨会、领袖和导师,这一切统统都要衰落消亡,成为过去。

朋霍费尔不应该被算为神学自由派,他的确是一位神学保守派。他不仅持守正统基督论,更在工作中淋漓尽致地表明了他的信仰,信仰是他思想与生活的中心。他持守因信称义的教义,坚持保守的圣经观。他坚信圣经是上帝的话语,他降服于上帝的话语,而且在对待上帝的话语及其对自己生命的掌管上,他严肃、郑重,至死不渝。基督论、唯独因信称义、圣经权威——这三项教义构成了正统的保守神学。朋霍费尔能轻而易举地通过对他的测试。

我们甚至可以宣称朋霍费尔就是福音派。大卫·贝宾顿(David Bebbington)提出的"福音派四要点",提供了一个被广泛接受的福音派的定义。贝宾顿认为,圣经主义③(保守的圣经观,认定圣经就是上帝的圣言)、十架中心主义(crucicentrism,聚焦于基督在十字架上的赎罪之死)、归正主义(conversionism,强调重生,相信世人都犯了罪而且必须归正)和行动主义(activism,在工作中活出福音)是福音派的决定性标志。④ 这四大要点在朋霍费尔身上都能找到,其中行

---

③ 这里的圣经主义,与上章朋霍费尔所谴责的圣经主义不同。贝宾顿使用的这一术语,论及圣经权威。而朋霍费尔谴责的圣经主义的观点,只接受圣经,对教师职分(office of teacher)、宗派、认信、教会历史和教会传统等,都不予肯定。

④ David Bebbington, *Evangelicalism in Modern Britain：A History from the 1730s to the 1980s*, rev. ed.(Oxford：Routledge, 1989).教会历史学家对"贝宾顿四要点"的争论,成了一个"家庭小工业"(cottage industry),但是这些辩论往往徘徊他在福音派神学的开端。在需依照既定标准以决定某人是否福音派时,由于没有教会机构能出面负责并全面监管,所以"贝宾顿四要点"能起到很好的作用。

动主义更是贯穿他的一生。

至于归正主义,朋霍费尔明确持守因信称义,坚持领人归正时传讲基督及其十字架救赎大工的必要性。他在泰格尔监狱写过一篇文章,题目是"从向非基督徒传福音的大使命中,我们学到什么?"。文中指出,"大使命不是出于对'可怜的异教徒'的怜悯……而是因为他们尚未得着**基督**。因此从根本上看,不是出于**怜悯**,乃是因为一条命令:基督**务必**要被传讲(林前 9:16,*anagke*)。"⑤在一个人生命临终时,他之所以拥有平安是因为他确知:"因着被钉十架的基督的饶恕之爱,我已罪得赦免。"⑥朋霍费尔的十架中心主义在"基督论课程讲义"里有相应阐述,其中的最强音落在:我们唯一的希望,只在于上帝-人(基督)的代赎之死。随后我们会论证他保守的圣经观。

不过,我们需要超越神学合理性来领会朋霍费尔的神学主张。我们需要明白他的神学主张如何导向实践。我们需要明白他是怎样基于他的所信而生活。只要我们愿意受教,朋霍费尔的圣经观和他的读经实践,势必都将挑战我们,使我们不仅在口头上确认我们是持守保守圣经观的"圣书子民",而且也以自己的整个生命,活出这样的认定。

---

⑤ *DBWE* 16:498. 希腊文单词的意思是"义务"(obligation)。

⑥ 朋霍费尔写给埃博哈德·贝特格的信,1944 年 8 月 23 日,*LPP*,393。

朋霍费尔向着圣经的归信

尽管我已经断言朋霍费尔的神学属于保守派,但他也的确是成长于自由派神学的环境。他的教授中有一位是颇具影响力的自由派历史学家和神学家阿道夫·冯·哈纳克(Adolf von Harnack)。他就读的学校视高等批判(higher criticism)为理所当然——不支持圣经是上帝的启示,更赞同圣经是人类对人-上帝关系的反思。甚至,朋霍费尔家族就有自由派的血统。他的外曾祖父卡尔·奥古斯特·冯·哈泽(Karl August von Hase)教过教会历史和神学课程,写过书,是一位公认的自由派人士。

然而,朋霍费尔走上了截然不同的方向。回顾塑造他思想的那几年读神学的岁月,他描述了自己对圣经的发现,好像那就是他的归信经历:"于是,就有什么事情发生了,而且直到今天,它仍在改变并转化着我的生命。那是我第一次真正发现了圣经。"⑦他一旦发现了圣经,就开始读圣经。阅读圣经对他而言意味着必然要认真严肃地接受圣经所表达的内容。这种阅读圣经的方式将他一步步带入他之后所度过的人生。最终,也引导他——正如他所理解的,有时顺服要求付出生命的代价——走向了他的殉道。

下面我们先来看看朋霍费尔的圣经观,因为他对启示的理解对

---

⑦ 转引自 Eberhard Bethge, *Dietrich Bonhoeffer: A Biography*, enl. ed. (Minneapolis: Fortress, 2000), 205。

他的基督论和教会论都至关重要——基督论和教会论是基督徒生活的两大根本支柱。在考察他有关圣经的神学之后,我们会探讨朋霍费尔的读经实践。朋霍费尔是一位神职人员、牧师。因此,关于牧师,关于他的圣经,关于讲道在基督徒生活中的作用,他都有许多话可说。最后,我们会考查他在阅读和默想上帝圣言方面的操练。

朋霍费尔的圣经观

在博士生系统神学研讨会上,十九岁的朋霍费尔在论文里写到,更确切地说是宣信:"上帝对我们的启示只能在圣经里找到。"若有人问为什么会是这样,他有现成答案:"圣经就是上帝说话的地方,正是在这里,上帝喜悦位格性地启示他自己。"⑧在论文前面部分,朋霍费尔提出的观点也掷地有声:"基督教信仰的成败在于是否相信历史性的、可感知的、真实的上帝之启示。"⑨后来时过境迁,朋霍费尔当上了教授,但他仍一如既往地宣讲同样的信息。1931 和 1932 年间在柏林的课堂上,他持续不断地强调:"绝对真理并非植根于宗教经验,乃是根植于上帝的话。"⑩

我在第二章和第三章曾经提出主张:基督论与教会论是朋霍费

---

⑧ *DBWE* 9:289.

⑨ *DBWE* 9:285.

⑩ Bonhoeffer, "The History of Twentieth-Century Systematic Theology," *DBWE* 11: 209.

尔神学的中心,也提到有人甚至将其组对后称为基督-教会论。不过,认为启示实际上塑造了他神学的中心,这个看法也不无道理。朋霍费尔在他的博士论文《圣徒相通》中有大量相关的论述。约翰在其福音书开篇(约 1:1—18)讲到,道成肉身的基督实际就是上帝的启示。教会因而也是上帝在世界上的启示。尽管其确切原因或会令我们惊疑,但上帝的确拣选了教会,并借着教会让人认识他自己,认识基督里救赎与和好的信息。

不过,教会与启示的关系相当根深蒂固。朋霍费尔在他的第一篇论文里指出(文中全句使用了粗体以示强调),**"唯有启示的概念能导出基督教的教会观。"**⑪他认识到基督实际上是启示的中心。他使用了希腊语的"教会"(*ekklēsia*)一词,意思是"呼召出来"。他希望我们从中看到,将教会呼召出来的动作,说明了启示的神圣起源和教会的神圣起源。教会是受上帝呼召而存在的。但是接下来,朋霍费尔在他关于启示的教义里做了一个大转折,这个具体变化拉开了他与自由派神学的距离。这一转折包括他把圣经比做一个储存着上帝启示的旨意、道路和真理的仓库。他宣称这些启示富有权威,具有历史可靠性。

上面一段需要进一步解释。19 世纪到 20 世纪中叶,在德国的神学和圣经研究领域,出现了两种对立立场。一方是自然主义者和历史主义者,他们否认基督教和圣经的神圣起源。另一方是自由派

⑪ *DBWE* 1:134.

人士，他们强调神圣起源，但他们对神圣起源的过度强调，导致他们越过圣经（或者说，借由圣经）去寻求一个**说话的**动态上帝。自由派人士不愿被一本书束缚，或把上帝固定在一本书之内。这对立的双方主导着德国的信仰全局。朋霍费尔的圣经观摒弃了这两种错误论调。他认为，圣经本身就是独具权威的上帝的圣言，人无须透过圣经或越过圣经去找到上帝的话。

对朋霍费尔圣经观最清楚的阐述，或许可以在 1933 年的《伯特利信条》里看到。这个信条实际上共有三个版本。第一个版本通常是指第一稿，由朋霍费尔和赫尔曼·萨斯（Hermann Sasse）在 1933 年春夏写就。第二个版本完成于八月，因此称为八月版，这一版也有威廉·维舍尔（Wilhelm Vischer）的贡献。两个版本之间，差异细微，主要不同在于文体风格和遣词方面。第三个版本称为十一月版。这一版有多人参与，编辑过程令当时正在伦敦的朋霍费尔大为受挫。他发现原稿已被那些编辑们"糟蹋"，于是拒绝接受所做的修改。后来的印刷版送到他手里时，他在上面写道："厨师太多，坏了原汤。一个匿名作者 D. B."。[12] 他签上了名字缩写，基本上就是抵消了匿名。

十一月版编写委员会代表各种不同的观点，并不是所有人在神学上都跟朋霍费尔一样保守。所做的修改并非只是文体方面的调整，而是内容上发生了实质性的改变。最后，朋霍费尔彻底放弃了

---

[12] DBWE 12:513.

这个由他亲自发起的项目。萨斯和维舍尔也跟着做了同样的决定。

从《伯特利信条》前两版到第三版的变化中，最大的变化是在第一款——关于圣经的教义。下面分别从第一（及八月）版与十一月版中节选两段内容，作为对照。请特别注意粗体字部分之间的区别：

早期的朋霍费尔版本

旧约和新约圣经是教会教义的独一来源和规范。**它们是全然有效的见证**（they constitute the fully valid witness），被圣灵所证实，就是拿撒勒人耶稣……

十一月的委员会版本

圣经，旧约和新约，是教会教义的仅有来源和规范。它证明——**因一致而有效**（valid in its unity）——同一位拿撒勒人耶稣……⑬

86

---

⑬《伯特利信条》，收录于 DBWE 12:375。八月版里的关键短语是"在它的整体上全然有效"（valid in its entirety）。只有第一版和八月版被收集在了英文版《朋霍费尔著作集》里。十一月版（德语）在他的德文版作品集中可以查看，英文版目前可以在这里看到：http://www.lutheranwiki.org/The_Bethel_Confession:_November_Version。关于《伯特利信条》文稿之历史的简述，参见 Carsten Nicolaisen, "Concerning the History of the Bethel Confession," in DBWE, 12:509－513。

　　说圣经是"全然有效的见证"是一回事，说圣经"因一致而有效"则是另一回事。后一种说法仅仅指出，圣经就其自身而言是一致的，是前后统一的。一致性无疑是值得称许的特征，但它缺乏对圣经正统认识的清晰表达。宣称圣经是"全然有效的"，呈现一种客观向度。朋霍费尔的陈述要比圣经自身一致的说法涵盖更多内容。他的陈述确认圣经是真实的。

　　当谈到圣经教义（或任何教义），清晰、直接、有力总要优于模糊不清或模棱两可。西奥多·罗斯福（Theodore Roosevelt）几乎因着鞭挞那些使用"遁词"的记者或政治对手而成就了自己的一番事业。在上帝圣言的权威之下，神学家应当弃绝"暗昧可耻的方式"，践行"将真理表明出来"（林后 4:2）。

　　下面是朋霍费尔在第一版中关于圣经的完整陈述：

　　　　旧约和新约圣经是教会教义的唯一来源和规范。它们是全然有效的见证，被圣灵所证实，就是拿撒勒人耶稣，在本丢·彼拉多手下受难，是基督，是以色列人的弥赛亚，是教会的受膏之王，是永生上帝的儿子。教会所教导的一切，必须唯独以圣经这一教导原则来衡量，并通过它作为纯粹的教义被揭示出来。圣经本身见证了这一神圣启示，它是一次性的、不可重复的、充分自足的救赎之历史。我们认识这一历史，只能透过新旧约圣经中先知与使徒的话；教会宣告这一启示，只能通过对

担负此见证的圣经所做出的解释。圣经本身见证的救
赎历史（即以色列的蒙拣选、对其罪的判定、摩西律法的
启示、耶稣的道成肉身、耶稣基督的教导和事迹、基督在
十字架上的受死和复活、教会的建立）是上帝独特的启
示性作为，是教会要宣告的事实，对今天的我们全然
有效。⑭

圣经记录了上帝在人类历史中的作为，是真实的历史。这些事件，
作为"事实"，作为在时空中发生的客观事件，被记录在圣经里。因
为圣经是对神圣启示的独一见证，所以它在教会中唯一地具有权威
性，无可替代。这一观点，使朋霍费尔不仅与历史主义者，也与自由
派人士截然分开。

　　《伯特利信条》里紧接着列举了一组拒绝声明，用以澄清朋霍费
尔坚持保守的圣经观与国家教会里流行的非保守的圣经观之间的
差异。简言之，朋霍费尔声称，我们必须顺服圣经的经文，它是活
的、大有能力的上帝圣言。一旦我们使经文服从于自己的兴趣和喜
好，我们就会出错。他的宣信是：

　　　　我们拒绝破坏圣经一致性的错误教义，它随从己意
分开上帝的信息与人的信息。圣经整体的一致就在于耶

---

⑭ *DBWE* 12:375.

稣基督，这位基督在十字架上受死，复活，并且他依据需要随时随地借着圣经说话。我们不是圣经中上帝圣言的审判者，相反，圣经被赐给我们，使我们可以借着圣经让自己降服于基督的审判之下。只有圣灵听见圣经中上帝的话语。⑮ 而且，只有借着自成整体的圣经信息，圣灵亲自临到我们，因此，圣灵永不能与圣经信息分开，除非人以狂热(enthusiasm/*Schwärmerei*)使然。

我们拒绝仅仅视圣经为一部历史性文献的错误教义，它称其提供的只是某些普遍有效的真理的范例。它否定上帝启示的唯一性和历史性，认为从以色列作为上帝选民得蒙拣选可以推出，任何其他人民，或可能所有人民，都能得蒙拣选；它认为，从上帝赐给以色列的摩西律法，可以推出，所有国家的法律都是上帝所赐。然而，上帝在圣经中的拯救大工，其意义之深远与伟大，绝非只是某种范例或象征，相反，那是教会宣告上帝独特启示的主旨内容。⑯

---

⑮ "圣经中上帝的话语"(God's word in the Bible)，这句短语可能是受到了巴特的影响。卡尔·巴特和迪特里希·朋霍费尔之间的差异在于，朋霍费尔认为圣经有其具体性(concreteness)，而这是巴特的神学所缺少的。巴特在具体性上的缺乏导致他的救赎观非常接近于普救论(universalism)。我的一位神学家朋友曾指出，巴特的救赎观是"萌芽状态的普救论"。巴特的朋友们不赞同这种说法，但这种说法一直存在。巴特也有些像玛格丽特·撒切尔(Margaret Thatcher)有句名言里说的那样，会对历史上的亚当"不置可否"。但朋霍费尔不同。朋霍费尔具有更具体性的启示观，他认为圣经是上帝话语的观点使他建构了具体的救赎观。他称之为"事实"。这正是巴特和朋霍费尔之间的关键差异。

⑯ *DBWE* 12:378-379.

　　这些声明证实朋霍费尔坚持保守的圣经观。他清清楚楚地将
自己从自由派神学背景中分别出来,毫不含糊地让自己降服于作为
教会权威与生命权威的上帝圣言之下。当他指出,从上帝对以色列
民的拣选推导出上帝要拣选其他民族是何等的荒谬时,他指的就是
自己的国家德国。希特勒寻求且已经成功获得了教会对第三帝国
的神圣祝福。想到教会竟为希特勒背书,不禁令人不寒而栗;想到
希特勒因此更加为所欲为,恶行令人发指,就更是让人心惊胆寒。
情势已经恶劣到了极点。参与起草《伯特利信条》的朋霍费尔,是真
正服务教会的神学家。

　　朋霍费尔保守的圣经观,也在他对当时众多自由派论调的批判
中时有展现。第二次到访纽约期间,朋霍费尔一直坚持写日记。据
他日记里的描述,1939 年 6 月 22 日,他上午写作,下午读书。他读
的是莱因霍尔德·尼布尔的《基督教伦理学解读》(*Interpretation
of Christian Ethics*)。他并未被这本书打动,提到书中"错谬的皮相
之见",紧接着他附上了一条隐晦却犀利的批评:"这是用'神话'替
代上帝的圣言。"[⑰]这里他其实深入到了尼布尔神学缺陷的核心,即
尼布尔持有极不保守的圣经观。尼布尔通过给圣经加上"神话"标
签,把圣经与圣经代表的永恒真理分开。朋霍费尔的圣经观则与之
迥异。他认定,圣经是上帝的圣言,超越他,并在他之上。

　　后来在狱中,他再次与神话学的(mythological)观点针锋相对。

---

⑰ Bonhoeffer, "American Diary," June 22,1939, *DBWE* 15:229.

这一次是针对鲁道夫·布尔特曼（Rudolph Bultmann）。布尔特曼认为，新约体现了一种神话学世界观，新约作者们使用神话学术语表达对基督的认识。布尔特曼试图找到包装于神话中的永恒真理，他认为，圣经文本本身只是外包装，可以弃之不顾，而里面内含的永恒真理则必须保留。布尔特曼把这个观点应用在新约记载的神迹上，甚至包括基督的复活。

朋霍费尔不希望看到布尔特曼的观点在认信教会立足。在狱中写给贝特格的信里，他对布尔特曼的看法进行反驳："我的观点是，必须维持全备的内容，包括'神话'概念——新约不是用神话包装的普遍真理，这神话（复活，等等）本身就是真理。"[18]这让人联想到朋霍费尔写进《伯特利信条》里的信息："耶稣基督的十字架不是任何象征符号，相反，那是上帝独一无二的启示作为。"[19]

整整一个月后，朋霍费尔对他的德国神学家及学者同仁们持非保守圣经观仍然顾虑重重，这一次他提笔回应的是保罗·蒂里希（Paul Tillich）。蒂里希在战争期间被迫移居美国。朋霍费尔对蒂里希，也是对众多自由派神学家，直言不讳地指出："上帝的圣言远离这种不信的抗拒——这种从下而来的抗拒。相反，上帝的圣言一直全然掌权。"[20]朋霍费尔认为，上帝的圣言掌管一切。

圣经教义如同长长的多米诺骨牌里的第一张。如果我们以朋

---

⑱　朋霍费尔写给埃博哈德·贝特格的信，1944 年 6 月 8 日，*LPP*，329。

⑲　Bonhoeffer, drafts of Bethel Confession, *DBWE* 12:398.

⑳　朋霍费尔写给埃博哈德·贝特格的信，1944 年 7 月 8 日，*LPP*，346。

霍费尔的起点为起点,认定圣经是高于我们的上帝的圣言,并且呼召我们顺服,那么,骨牌会倒向一个既定的方向。但是如果我们的起点是让圣经服从我们自己和我们的喜好,那么,骨牌就会倒向另一个完全不同的方向。我们的神学怎样,我们的门徒造就和对基督徒生活的认识就怎样。由此我们再次看到,朋霍费尔与自由派之间的差异其实是泾渭分明的。

对朋霍费尔而言,这并不只是神学上的认定。我们随后会看到,朋霍费尔更是依从他认定的圣经教义而活,并且他活出了与认信时同等程度的清晰、直接和坚定。下面我们先来看看他教导学生的圣经观——他不仅仅言传,更是身教。

牧师与他的圣经

朋霍费尔曾就读于柏林大学和纽约协和神学院,他也访问过德国、大不列颠,以及欧洲其他地方许许多多的神学院甚至修道院。然而,他所看见的并不总令他觉得可喜。特别是他发现,在他自己的国家德国有一个令人不安的趋势,即传道人的内在生命造就被排除在了传道人培训课程之外。在认信教会服侍期间,朋霍费尔在地下神学院教书,先是在岑斯特,后来到了芬根瓦得,这使得朋霍费尔有机会努力开辟一条新道路。

朋霍费尔的神学院与其他神学院之间的实际区别,主要并不在于**课程设置**的不同——尽管这是区别之一。他们的真正差异在于**理念**(ethos)。朋霍费尔坚信,牧师的呼召就是宣讲圣道,这样圣道就会在人心中做工,进而使人们服从和遵行圣道。然而,牧师在讲道之前,他自己的生命必须真实经历这个过程。在岑斯特和芬根瓦得,圣经是一切的中心。"圣经形成了我们工作的焦点",朋霍费尔提及芬根瓦得时这样写道。接着他说:"圣经再度成为我们的起点,成为我们神学工作的核心和我们所有基督徒行动的中心。"㉑

这种理念如涓涓细流,影响着神学院的课程设置。即将成为牧师的神学生在讲道学课程里学习如何讲道,而作为课程的一部分,朋霍费尔预备了关于牧师与圣经的讲座。他的学生贝特格解释,朋霍费尔利用课堂授课为学生们勾勒出,圣经应如何从他们自己的生活转移到讲台上:牧师的工作始于圣经,首先跪在长凳上边祷告边默想圣经,之后在书桌前进行严谨的解经研究,最后才是走上讲台,在有属灵需要的人前宣讲圣经。㉒ 大多数讲道学课程直接从讲道开始。朋霍费尔却知道在这之先还有前期工作要做。

同时,朋霍费尔也向学生们提出实践建议。贝特格把其中的一部分总结如下:

> 要在白天的时候写讲章;不要一次全部写完;"在基督
> 里",没有条件从句;讲台上的最初几分钟尤其重要,所以

㉑ Bonhoeffer, "A Greeting from the Finkenwalde Seminary", 转引自 *The Way to Freedom: Letters, Lectures, and Notes, 1935 - 1939*, ed. Edwin H. Robertson (New York: Harper & Row, 1966),35。

㉒ Bethge, *Dietrich Bonhoeffer*, 442.

不要泛泛而谈浪费这段时间,而是直面会众、直指问题核心;真正明白圣经的人都可以即席讲道。㉓

如果朋霍费尔的讲道稿有所暗示的话,那么可以说他也偏爱篇幅短的讲道。他不擅长修饰铺垫,而是直截了当。贝特格回忆朋霍费尔的讲道时说:"他的讲道洞彻事理,而且提出要求。"㉔这解释了为什么他要花时间帮助他的学生,未来的牧师,建立他们自己与圣经的关系。在他们站上讲台、向会众宣讲圣经诫命之前,他们需要在自己的生活中谨守这些诫命。

或许,其中一位学生的叙述能使我们更深入了解,朋霍费尔对这些即将做牧师的神学生留下了怎样的影响。以下是贝特格关于默想和牧师职分的见证:

> 因为我是圣道的宣讲者,除非我邀请圣经每天都向我说话,否则我就不能正确解释圣经。如果我不是持续在祷告里默想经文,我就会在我的牧师职分上误用上帝的圣言。如果日常工作中圣言于我是空洞无意义的,如果我已经不再切身经历它,这就千真万确是一个警示信号,即我已经很长时间没有让它向我说话了。而我如果没有

㉓ Ibid.，443.
㉔ Ibid.，444.

每天寻求我的主当天要对我说的话，我就会在自己的职分上犯罪。[25]

讲道之前，须先有默想。

如何聆听讲道：朋霍费尔的讲道实践

最近我把长跑当成了业余爱好。一个朋友曾说他也尝试过长跑，但很快就停下了。跟许多新手一样，我一上来也是跑得太远太快，于是就受了伤。休息几天后，我尝试再跑，一开始感觉很好，可是很快就再度受伤。第二次经历受伤时，我恍然大悟，意识到我根本不知道自己在做什么。于是我去见了一位专家，是一位运动医学方面的理疗师。他诊断出了我的问题，制定了一个计划，帮助我重新开始跑步。这个故事有什么寓意呢？即我们往往需要专家。我们的头脑里并不具备所有问题的答案。

上帝的旨意是他的教会要有专业的、富有恩赐的向导，他赐给我们牧师这一职分就是一个证明。朋霍费尔认识到，他在《伯特利信条》中也明确讲到，上帝的圣言是我们成圣的途径，是我们在恩典中成长的途径。与改教家路德和加尔文一样，朋霍费尔也称圣经为蒙恩之道（means of grace）。他进一步认识到：上帝的圣言，即恩典

---

[25] Bethge, "Introduction to Daily Meditation"，转引自 Robertson，*The Way to Freedom*，57。

的泉源,以两种形式临到我们——讲道和以祷告、默想的心读经。也就是说,有专家向我们宣讲圣言,同时,我们也要自己研读。

朋霍费尔曾告诉他的神学生,他们应该"不是替上帝的圣言辩护,而是去见证它"。他说:"要信靠上帝的圣言。那是一艘满载到极限的船。"㉖因为圣经是上帝的圣言,所以朋霍费尔对圣经有全备的信心。他深知,作为牧师,他在讲坛上只有一个任务,就是宣讲上帝的话语。

在伦敦的一次讲道中,朋霍费尔告诉自己的会众,"实际上,会众只需问自己的牧师一个问题:他是在教会讲台上、在日常生活中、在所有可能的场合,向我们传讲上帝的永生之道、生命之道吗? 抑或他给我们的是石头而非面包?"㉗教会的一位会友来到教会时,他应该说(也许不必大声):"给我们面包来喂养我们饥饿的灵魂吧!"㉘朋霍费尔接着指出,供应这样的面包时将发生什么:我们会与上帝相遇,而"外面的忙碌世界对此却一无所见、一无所知"。㉙ 他继续说:"他们在外面追求最新奇的感官享受,追求大都市夜晚的兴奋刺激,却从来不知道真实的感受、无比振奋人心的事正在这里发生:在这里,永恒与时间相遇,永恒的上帝接纳了必死的人类。"㉚朋霍费尔告诉自己的会众,要以这样的方式听他的讲道。

㉖ 转引自 Bethge, *Dietrich Bonhoeffer*, 442。

㉗ *DBWE* 13:322.

㉘ *DBWE* 13:322.

㉙ *DBWE* 13:323.

㉚ *DBWE* 13:323.

如何阅读圣经：朋霍费尔的读经实践

除了讲道和听道，还有个人读经。这方面朋霍费尔也很有很多话要说。我们称之为**释经学**（hermeneutics），即解释圣经的艺术和科学。当我们谈论释经学时，我们会倾向于马上进入正确释经的方法和步骤中。朋霍费尔对这些内容很有兴趣。他花很多时间学习如何解释圣经文本，也确保自己的学生能学会这些技能。但同时他更深关注的，是我们读经的进路，在圣经面前我们的"姿态"如何。朋霍费尔认为，我们如何读经更多关乎我们读经的**进路**，而非采用什么方法正确释经。他将读经的进路总结为如下五点：

1. 我们直接读经——圣经就是上帝**讲给我们的**话语；
2. 我们以祷告和默想的心读经；
3. 我们集体读经；
4. 我们以降服的心读经；
5. 我们以遵从的心读经。

下面我们逐一探讨。

我们直接读经

面对圣经，我们首先把它视为上帝直接向我们说的话。借助于《团契生活》里的一段文字，我们可以明白这是什么意思：

　　我们参与了临到我们的救赎。在浑然忘我中，我们也
走过红海，穿过旷野，跨过约旦河，进入应许之地。我们也
和以色列民一样陷入怀疑和不信，在受到惩戒和悔改后，
再度经历上帝的帮助和信实。㉛

我们并不仅仅是圣经历史的旁观者，而是"要从自我存在中被拉出
来，进入上帝在地上的神圣历史中"。㉜ 唯有在圣经中，我们才能明
白自己的历史。㉝

　　我们都太容易以科学家在解剖台上处理标本的方式来对待圣
经，显得生硬冷漠，与自己两不相干。朋霍费尔提醒，上帝的圣言不
是这样的东西，而我们也不是科学家。我们属于上帝，而上帝已将
他的圣言赐给我们，借着圣言直接对我们说话。朋霍费尔在柏林的
一位学生英格·森布里茨基（Inge［Karding］Sembritzki）回忆说，
"［朋霍费尔］教导我们，读圣经时，一定要认为圣经就是为我们而写
的，是上帝直接告诉我们的话。"她补充说："从一开始，他就不厌其
烦地提醒我们，一切都应以此为起点。"㉞她说的"一切"，就是指基督
徒生活、教会生活和神学——它们无一不是源于阅读圣经，即把圣
经当作上帝直接向我们说的话来读。

㉛ *LT*，53.

㉜ *LT*，53.

㉝ *LT*，54.

㉞ Inge（Karding）Sembritzki，转引自 Eric Metaxas，*Bonhoeffer：Pastor，Martyr，Prophet，Spy*（Nashville：Thomas Nelson，2010），128 - 129。

我们以祷告和默想的心读经

关于芬根瓦得的生活,朋霍费尔写道:"在这里我们重新学习祷告式读经。"他接着给出了具体描述,先是提到早上和晚间的灵修——借着灵修"我们持续不断地聆听圣经的话":

> 在我们共同读完一章《诗篇》后,每个弟兄依次读一段
> 旧约经文和一段新约经文,中间穿插着赞美诗歌片段和自
> 由祷告,以及共诵主祷文。在白天的默想时间里,我们会
> 选定一段相对较短的经文,供一整周来默想。[35]

这些操练是在神学院课程之外进行的。朋霍费尔规定,每天不仅要有大篇幅经文的公共读经时段,还要有个人默想时段。在公共读经时段,神学院全体通读圣经,且每次都要读一首《诗篇》。朋霍费尔在《团契生活》中强调了这种连续读经(lectio continua)训练的必要,因为圣经是一个文集(corpus)、一个整体。[36] 但至于每天默想圣经的操练,朋霍费尔采用了不同的方式。他的做法是,每周只选用一小段经文。通过两种操练的结合,学生们就做到了既见树木又见森林。

重点是对这些小段经文的默想。在默想时,学生们不是在写讲

---

[35] Bonhoeffer, "A Greeting from the Finkenwalde Seminary," in Robertson, *The Way to Freedom*, 35.

[36] *LT*, 53.

章,也不是在课程论文中探讨这些经文,而是让经文深深植根于他们的生命里。一周当中,他们每天都回到同一段经文,一遍一遍翻来覆去地咀嚼思想。不少学生曾反对这种强迫性的默想训练,特别是那些从其他神学院或大学转学过来的学生。对他们而言这是陌生的体验,所以会抗拒。但很快他们就转而接受了。

朋霍费尔自己就是这种阅读的模范。他喜爱书籍,视书籍为自己最珍贵的财产。但是他最看重的一本书是他哥哥华特(Walter)的圣经。在第一次世界大战中,华特·朋霍费尔在法国抗战前线受伤,五天后(1918 年 4 月 28 日)在战地医院去世。在朋霍费尔 1921 年的坚振礼上,他的母亲葆拉特地把华特的这本圣经送给了他。从此,迪特里希就一直随身携带着这本圣经,在日常祷告与默想中用的也都是这本圣经。

我们集体读经

至此,我们已经清楚地看到,朋霍费尔很看重集体读经。然而,这种读经,远非仅仅是一起大声朗读,或在团契里一起朗读。正如我们在第二章看到的,朋霍费尔列举了七项服侍,宣扬圣道是其中一项。你或许还记得,朋霍费尔指出,圣言的服侍是"能够做到的最终的和最高的服侍"。[37] 当他在这里讲集体读经,实际上他要告诉我们的是,我们应当彼此宣讲圣经,这是我们能为彼此做的最好的事。从一个生命到另一个生命,我们要彼此宣讲圣经

---

[37] *LT*, 103.

的话。

然而，朋霍费尔也发现，这种宣讲圣经"隐藏着无限的危险"。[38]比如，有人会把圣经的话当成打倒别人的武器；有人会利用圣经的话获得掌控别人的特权；有人任意操纵圣经的话只是为了要操纵别人。显然这些都是出于不良意图。而即使出于良善的用意，也仍然有可能陷入险境。但是，无论如何，我们有责任彼此宣讲圣言。我们会遇到的试探是：依着自己的喜好与对事物的感觉，彼此用圣经的话挑战对方；抑或，我们总是陷入浮夸的戏谈。但我们还是要"彼此宣讲上帝的圣言和旨意"。[39]因为我们知道自己是罪人，离开别人的帮助我们会"孤独和迷失"。所以，朋霍费尔勉励我们："我们彼此宣讲，因为我们都需要这样的帮助；我们彼此劝诫，走基督吩咐我们走的路；我们彼此警戒，提防顽梗悖逆，因为那是我们共同的顽疾。"[40]集体读经，意味着我们被上帝的圣言，也借着上帝的圣言，并在上帝的圣言中，绑在一起。

我们以降服的心读经

我们可能不喜欢圣经中读到的内容。我们或许并不总能领会所读。我们或许认为读到的内容甚至压根不合理。然而，圣经并不取决于我们，圣经取决于赐圣经的上帝。朋霍费尔斩钉截铁地宣

---

[38] *LT*，104.

[39] *LT*，105.

[40] *LT*，106.

称："上帝的圣言**掌管一切**。"㊶我们的角色就是服侍，就是降服，而上帝圣言的角色才是掌管者。回到《伯特利信条》，我们发现这样的话："我们不是圣经中上帝圣言的审判者；相反，圣经被赐给我们，使我们可以借着圣经让自己降服于基督的审判之下。"㊷

当自由派神学让上帝的圣言降服于自己的喜好和意愿，它就在根本上走入歧途。现代理性主义把人的思想设定为认识论（epistemology）（关于知识和真理）的终极权威。如果事物符合人们理性上的观念，那么它就算为真理。朋霍费尔在《伦理学》中称其为"理性膜拜"（cult of the *ratio*）。㊸ 这条基本准则构成了高等批判的基本信念。神迹不符合理性，它们**不合乎理性的**解释，因而是不合理的。所以，我们应重新思考它们是否是真实的历史事件，以及它们是否真的被记录于圣经。它们或许只是过度兴奋的假想所导致的虚构事件。就这样，考证没完没了地持续下去。这里的问题是立场问题。上帝的圣言要么高于我们，要么低于我们；要么我们降服于它，要么我们迫使它降服于我们。

然而，神学保守主义者也需要保持警惕，那就是我们容易以为，我们相信圣经是上帝权威且无误的话语，因此我们就已经降服于圣经。我们可能只是在认信上保守，实际上却是自由派。换句话说，降服于圣经远不止于肯定有关圣经的正统陈述。当然，这种肯定是

㊶ *DBWE* 16：495，粗体为朋霍费尔所加。

㊷ *DBWE* 12：376.

㊸ *DBWE* 6：115.

至关重要的,是根本性的,决不能将其弱化。但是肯定崇高的圣经观,仅仅只是降服的第一步。唯有当读经时接受圣经统管我们的生命,才是对上帝圣言的完全降服。

降服于圣经处于读经和遵行圣经的中间阶段。如果我们想在自己的生活中见证上帝圣言的作为,降服是必不可少的态度。

我们以遵从的心读经

最后,我们应以遵从的心读经。在伦敦的一次讲道上,朋霍费尔举例说,我们有个爱好是喜欢给事物加上"装饰"。我们打理出各种花坛。我们把照片挂在墙上。艺术家们往往不只是临摹所见,还对景致进行各种添墨加彩。置身于大自然的名胜美景时,我们也常会有冲动对它刻翠裁红做渲染。然而,朋霍费尔指出,"上帝的圣言无须任何修饰",因为"它以自有的美丽和荣耀为衣"。[44] 不过随后,他注意到有一种例外,热爱上帝圣言的人能够做到给圣经锦上添花,于是他话锋一转:"两千年来,那些热爱上帝圣言的人,他们坚持一往无前地献上自己的至美之物,作成对上帝圣言的美饰。那至美之物是什么呢,岂不正是一颗肉眼看不见的遵从的心吗?"[45]

也是在伦敦的一次讲道中,朋霍费尔语惊四座,他揭露说,我们已经把"教会变成了一个各种感受驰骋的游乐场,而不再是上帝的

---

[44] *DBWE* 13:355.

[45] *DBWE* 13:355.

圣言得到遵从和相信的地方……我们一直以为我们可以左右上帝"。㊻ 他接着强调，上帝"命令我们交出自己的控制权，包括对生与死，对灵、魂与身体的控制权"。㊼ 但这样的全心遵从，实在是凤毛麟角。也许，这就是我们忽略读上帝话语的原因。我们十分清楚，圣经对我们是有要求的。我们天然地想过舒适安逸的生活，但圣经明确指出我们生活中的责任。

在朋霍费尔宣讲这些信息——并思想：不折不扣地遵从圣言，正是相信圣经是真实的上帝启示的必然结果——时，他正在读登山宝训（确切地说是在默想），也刚刚开始写《作门徒的代价》。他在其中认真地深耕细究，因为他知道，除非他降服于并且遵从圣经，否则他就还没有真正地读经——圣经中的任何经文。

结论：当你的全部所有就是圣言时

马丁·路德曾说："我们可以省去一切，除了圣言。"㊽ 这是他在讨论教会时说的，但对于基督徒生活也是如此。在圣言里，我们找到福音；在圣言里，我们获得安慰；在圣言里，我们看到挑战；在圣言里，我们找到上帝的道，就是成了肉身的逻各斯（Logos）。在圣言里，我们找到基督并他对我们生命的呼召。

㊻ *DBWE* 13:323 - 324.

㊼ *DBWE* 13:324.

㊽ Martin Luther, *Luther's Works*, vol. 53, *Liturgy and Hymns*, ed. Ulrich S. Leupold (Philadelphia: Fortress, 1965),14.

　　朋霍费尔写给家人和朋友的许多监狱书信里,都讲到了他是如何渡过困境的。他知道亲人们因为他而焦虑不安,就尽力使他们确信他的情况良好。通常,他描述的良好就是指他的阅读体验。不论朋友和家人偷偷递到狱中什么书籍,他都广泛地阅读。但其中令他翻来覆去读的书,只有圣经。他乐于向家人和朋友分享自己正读到圣经的什么章节。在给贝特格的一封信中,他分享说:"我在通读圣经,从第一页到最后一页,现在读到了《约伯记》,这是我特别喜欢的一卷书。我每天都读《诗篇》,多年来一直如此。我认识这卷书,深爱它胜过其他任何一卷。"⑭要知道,当时他是在牢房中,而世界正处于战争阴霾下,希特勒正专政当权。这封信写于 1943 年,当时,图圄之苦、战争之灾、恶势力当权,这些苦难都毫无停止的迹象。但是,朋霍费尔有他的圣经,有《约伯记》,有《诗篇》。

　　这种读经体验,对朋霍费尔而言,并非"狱中的权宜之计"。他并不是在泰格尔监狱里无所事事才翻开圣经的。从他写给姐夫吕迪格·施莱歇尔(Rüdiger Schleicher)的信中就能有所了解。施莱歇尔在神学上是自由派,朋霍费尔在信中跟姐夫沟通他们各自的立场是多么不同。结尾时他描述了自从他视圣经为高于他自己的上帝圣言并且降服于圣经后,圣经对他意味着什么:"我每天早晚都读圣经,日间也经常读,每周我都要选出一处经文,在这周的每一天里思想,我试着把自己浸润于其中,好让自己确实明白经文的含义。

---

⑭ 朋霍费尔写给父母的信,1943 年 5 月 15 日,*LPP*,40。

我知道,若非如此,我就不能正常地生活。"[50]讲到过基督徒生活,我们可以省去其他一切,却唯独不能没有圣言。

讲到教会,同样可以省去其他一切,却唯独不能没有圣言。朋霍费尔在伦敦的一次讲道里指出,"我们在教会里太多谈论人的各种错误的、琐碎的事和各种细枝末节的想法,却太少谈论上帝自己……我们把教会变成一个各种感受驰骋的游乐场,而不是一个上帝的圣言得到遵从和相信的地方。"[51]

在生活中,在教会里,我们可以省去一切,但绝不可少的是以祷告和默想的心读上帝的圣言,认真听道,以降服之心遵从圣经对我们的要求。朋霍费尔深知,没有这些,自己就无法生活。

---

[50] 转引自 Metaxas, *Bonhoeffer*,137。

[51] Dietrich Bonhoeffer, "Ambassadors for Christ," in *The Collected Sermons of Dietrich Bonhoeffer*,ed. Isabel Best (Minneapolis:Fortress, 2012),91.我要感谢瑞恩·迪尔(Ryan Diehl)提醒我这句引文。

第五章 祈祷

> 路德说,如果鞋匠得做鞋子,裁缝得做衣服,那么基督徒就得祷告……祷告是基督徒生活的核心。
>
> ——迪特里希·朋霍费尔,1930 年

> 弟兄啊,请为我祷告,直到黑夜消逝!
>
> ——迪特里希·朋霍费尔,
>
> 《狱中夜语》,1944 年

　　约翰·加尔文曾把祷告比作埋在一个人后院的百宝箱。想象一下,明知有这么一个百宝箱可由我们来支配,我们却从未花心思把它挖出来享用。这描述的实在就是我们不祷告的情形。①

　　朋霍费尔从开始教牧和神学工作时就强调祷告是不可或缺的。我们可以从他早期的讲道里略窥一斑,比如 1930 年 7 月 12 日关于《帖撒罗尼迦前书》5∶16—18 的讲道。上帝在耶稣基督里向我们所定的旨意包括三件事:喜乐、祷告和谢恩。"祷告是基督徒生活的核

---

① John Calvin，*Truth for All Time*∶*Brief Outline of the Christian Faith*， trans. Stuart Olyott (Edinburgh∶Banner of Truth，1998)，88；初稿写于 1537 年。

心"，他这样告诉会众。② 在他写于 1927 年的第一篇学位论文里，朋霍费尔提倡将代祷作为教会的标志。为了证明自己的观点，他引用俄罗斯神学家阿列克谢·科门也柯夫（Alexei Khomiakov）的评论："教会的血统就是为彼此祷告。"③为了更清楚看到这一点，我们可以阅读朋霍费尔日记里的相关思考。有一篇日记写于 1929 年，他回忆道："教会会众的祷告让我感到阵阵暖流涌上心头。"④这清晰的印象使他断言："哪里有人们在祷告，那里就有教会。"⑤

从一开始，朋霍费尔就一直强调祷告的必要性。在他即将走完人生旅程时，祷告一如既往仍是他的支撑。1943 年 11 月 29 日，将临期（Advent）第一个主日后的那天，朋霍费尔在给贝特格的信里这样写道：

> 有件事情现在我得亲自告诉你：在猛烈密集的空袭下，尤其是最后那次，医务室的窗户被炸飞，各种瓶子和医疗用品从柜子里、架子上纷纷坠落。在黑暗中，我躺在地板上，对安全躲过轰炸已不抱任何希望，然而这空袭却轻易就把我带回到了祷告和圣经里。⑥

---

② *DBWE* 10：577.
③ 转引自 *DBWE* 1：186。
④ *DBWE* 10：58.
⑤ *DBWE* 10：58.
⑥ *LPP*，149.

太过经常，也极为可悲的是，我们把祷告视为奢侈品，想着——但从不这么说出来——祷告是很好、很重要，只是没有祷告我们大概也能一切顺利。这种对祷告的迷思会把我们带入危途，这是一开始朋霍费尔就知道的。祷告绝非奢侈品，祷告乃是必需品。祷告是过基督徒生活的必需品，也是教会团契生活的必需品。

朋霍费尔对祷告高度重视，他用自己的生活和作品呈现了大量关于祷告的信息。为了服务认信教会而创建芬根瓦得神学院的时候，他优先推动的就是教导学生如何祷告。其实，对朋霍费尔而言，教牧工作的两大最基本要素就是学习和掌握如何祷告，学习和掌握如何读圣经。除了祷告和牧养工作，关于个人灵修时的私祷和公祷，朋霍费尔也多有论及。他在讲道中教导祷告，在《作门徒的代价》中讲"主祷文"与基督徒生活，在许多书信里讲论祷告的不可或缺。最后，除了这一切关于祷告的讲论，他更是实实在在地祷告；他多多地祷告。有时候，他在祷告中跟自己的无能为力较劲，苦恼不已。有时候，他甚至直言不讳地质疑祷告是否能蒙应允。然而，在所有那些探求与疑惑时刻的迷雾中，他总能找到出路再次回到祷告里。

我们看到他躺在泰格尔监狱的地板上，身旁有炸弹在爆炸，窗户在碎裂，瓶子和器皿不断砸向地面，而这时的他仍旧在祷告。他祷告，因为，如果鞋匠得做鞋子，裁缝得做衣服，那么基督徒就得祷告——这是他从路德那里学到的。

驳"亵渎性无知"：祷告和牧养工作

朋霍费尔负责认信教会的神学院——先是在岑斯特，后来到了芬根瓦得——后不久，批评就如潮袭来。更确切地说，批评铺天盖地，席卷而至。这些批评经过一段时间发酵后纷纷传到了朋霍费尔耳朵里。随即，朋霍费尔被迫启动了"减损措施"（damage control）。

批评甚至来自岑斯特和芬根瓦得的神学生，基本上说的是，朋霍费尔似乎把神学院变成了修道院，严格规定操练时段，强迫推行长时间的个人默想和祷告。而且，朋霍费尔对这些操练太过投入，以致批评者们还指控他和所在的神学院就是律法主义。对于第一项指控，朋霍费尔从未想过要用这种操练取代严格的传道人教育，也就是那种挽起袖子直奔主题的解经的和神学的——甚至是哲学的——牧师培养工作。然而，朋霍费尔确实察觉到了一种状况，即他的学生并不知道如何祷告。而没有祷告，他们之后的牧养工作就必将搁浅，不论他们之前能多么迅速、多么顺利地完成自己的解经工作。对于律法主义的指控，朋霍费尔简单反驳说，祷告是一项责任，责任就要讲求纪律性。这些年轻的神学生**正在受训**。如果缺少纪律性，他们同样也学不会什么希腊动词变位。所以，朋霍费尔强迫他们祷告。

在写给卡尔·巴特的信里，朋霍费尔针对这些批评自辩，并介绍了自己的训练方法。巴特听闻一些有关朋霍费尔的操练的传言，对这些做法是否有效心存疑虑。朋霍费尔在信中作了澄清。他还回顾说自己在柏林神学院做学生时没有谁教过他祷告。他指出,即使在认信教会,教导牧师如何祷告的需求也"并未得到满足"。⑦ 至于有人认为教导并要求学生祷告是律法主义,他表示难以置信。针对这一指控,他反驳:"一个基督徒学习什么是祷告,并多花时间操练祷告,怎么可能会是律法主义呢?"⑧朋霍费尔随后引用了一个批评者、也是一位认信教会带领人跟他说过的话,"我们现在没有时间默想,牧师候选人必须尽快学习讲道和问答式教义教导(catechize)。"朋霍费尔告诉巴特,他认为,"这种想法表明,要么他们对今天的年轻神学生完全缺乏了解,要么对如何准备讲道与教导是亵渎性的无知。"⑨

讲道与教导这些公共性的讲台层面的服侍,只能建基于祷告、读经和默想这些私下的、更为个人层面的操练。在回顾这一点时,朋霍费尔研究学者杰弗里·凯利指出,朋霍费尔对神学院的宗旨有着自己的看法:"神学院要成为这样一个场所:不仅持续地提供关于如何讲道与教导的系列课程,更要营造一个氛围,帮助候选牧师们沉浸在祷告和默想中,以使自己成为上帝话语的承载者,而这是做一个优秀牧师或教师的绝对前提。"⑩

跟其他每个人一样,牧师也应当为自己和他人祷告。朋霍费尔

---

⑦ 朋霍费尔写给巴特的信,1936 年 9 月 19 日,转引自 Eberhard Bethge, *Dietrich Bonhoeffer: A Biography*, enl. ed. (Minneapolis: Fortress, 2000),464。

⑧ Ibid., 465.

⑨ Ibid., 464-465.

⑩ Geffrey B. Kelly, "Editor's Introduction," *DBWE* 10:147.

曾提及教会是一群罪人的团契。这也是为什么饶恕是"主祷文"里非常重要的一部分。因为是罪人，我们就必须为自己祷告。我们的领袖和牧师也都无一例外。有时我们会以为他们都是超级英雄，有非凡的灵性力量，然而事实却并非如此。一旦他们开始认为自己是超人，就不妨在那个日子上做个标记，因为那之后一定不会跟着什么好结果。牧师必须为自己祷告。但朋霍费尔也强调，牧师的另一个重要工作是为他人代祷。

在朋霍费尔的思想和神学里，代祷的功用重大。这观点其实是顺理成章的。朋霍费尔认为，我们借着与基督的合一，在团契里彼此紧密相连、互为肢体，因此我们必须彼此代祷。当然，所有基督徒之间都应该彼此代祷。本章稍后将深入探究朋霍费尔在这方面的思想和指导。这里先提到一种特别的代祷，即牧师和教会会众之间要彼此代祷，要像双向车道那样彼此相连相顾。"教会如果不为自己牧师的服侍祷告，"朋霍费尔告诫，"它就不再是一个教会。"[11]他接着说："牧师如果不是每一天为他的会众祷告，他就不再是一位牧师。"[12]

在《忙到无法不祷告》(*Too Busy Not to Pray*)一书中，比尔·海波斯(Bill Hybels)讲到你们要尽最大努力祷告。我们往往本性倾向于去掉那个"不"字。我们徒劳地认为自己是由于太忙而无法祷

---

[11] *DBWE* 13:325.
[12] *DBWE* 13:325.

告,我们愚蠢地不祷告就忙着去做事情。对那些为基督、为国度事工奔波忙碌的信徒来说,不祷告更常常是一种试探。这里面的张力解释了为什么在神学院里,朋霍费尔坚定不移地推行教导祷告,并严格要求即将做牧师的学生们必须祷告。不祷告,就没有牧养工作;不祷告,就没有基督徒生活。

祷告的陷阱

不仅仅是**牧师**需要接受如何祷告的教导,我们**都**需要受教学习如何在祷告中寻求上帝。原因之一是我们经常错误地祷告。我的叔叔查克·尼克尔斯(Chuck Nichols)是加拿大某神学院的教授和牧师,曾讲过他上大学时一位教授的故事。这位教授以要求精准无误而闻名——神学上要精准无误,语法上要精准无误,几乎所有事上都要精准无误。他也因此常常亲自去纠正其他人——尤其是学生,也包括来大学礼拜堂证道的外来讲员、大街上的人,几乎所有人。他因此声名远扬。

这位大学教授开始上课前会先要求学生们依次祷告。鉴于他的名声,学生们都很害怕这样做,因为一旦祷告结束,这位教授就会滔滔不绝地指出他们祷告中的错误。有次当他要求我叔叔祷告时,我叔叔简单拒绝了——当然,也没那么简单,因为敢对这个教授说不其实是十分冒险的。不过,我叔叔拿出的拒绝理由是:"当我祷告,先生,我是向上帝祷告,不是向你祷告。"

讲到祷告出现偏差时,我们倾向于认为是指**神学**错误。这也是那位教授极为关注的。但朋霍费尔考虑的并不完全是这些。诚然,我们的祷告可能会在神学上不准确,甚至在神学上有错误。这也是为什么,朋霍费尔建议我们,不要简单地把"主祷文"只作为祷告的模板,而是应当就用主祷文祷告。当我们把主祷文作为自己思想和灵性上的框架与基准时,我们就能明白如何符合神学地祷告。

朋霍费尔最担心的不是祷告中有**神学**错误,他更深入关注的错误祷告是指,在祷告里应该出现有关"你"的时候却出现的是"我"。而这时的"你"只能是上帝而非其他任何人。法利赛人在大庭广众面前祷告,就像孔雀在游行盛典上显摆作秀。这种祷告就是有问题的。他接着指出,这样的祷告并不总是出现在公祷中,也出现在私祷中。如果我们祷告时只在意自己——只列自己的事项——我们的祷告就是有问题的。对此他的评论是,"我只在听自己说话;我只听见了自己。"⑬

但朋霍费尔的意思并不是我们绝不可为自己的需要祷告。他看重的是我们求告的次序。更重要的是,他关注我们发出祈求的动机。对他而言,祷告远不止是简单地列一个祈求清单。他把我们从自我的轨道上叫停,催逼我们搞明白祷告从根本上意味着什么,要达成什么。祷告意味着要让我的愿望顺服上帝的决定,使我的祈求符合上帝的心意,并以上帝的国而不是我们自己的事为中心。简而

⑬ *DBWE* 4:154.

言之,祷告是"将一个人的生命导向上帝"。⑭

从这个意义上看,祷告与救恩并不相异。朋霍费尔借鉴了路德的思想,他认为祷告与救恩相似:这两种情况下,我们都需要停止关注自己的内在,停止被自我驱动,停止追求自我实现和自我完善。祷告始于上帝,终于上帝。祷告切实地训诫我们,从自我导向转为上帝导向。

基督论是朋霍费尔神学的中心,在其关于祷告的思想中,基督论占据了很大篇幅。在评论保罗关于"不住地祷告"(帖前 5:17)的命令时,朋霍费尔劝诫所有听众:"让你的整个生命都成为祷告,让你的生命转向上帝,成为在基督里对上帝话语的回应。"⑮他接着说,"在基督里,我们的祷告才能够有根有基。"⑯基督是祷告的理由和祷告的基础,基督使我们进入祷告,基督也教导我们祷告。

如何祷告

与好的路德宗信徒一样,朋霍费尔用主祷文祷告。路德把栽培教会下一代视作自己的主要任务。他起草了一个信仰要理问答,围绕《使徒信经》(Apostles' Creed)、十诫(Ten Commandments)、主祷文形成了一个完美的关于教义、伦理和基督徒生活的课程大纲。路德宗教会的牧师们带着教会的年轻人一起学习这些文本和路德的

---

⑭ *DBWE* 10:573.
⑮ *DBWE* 10:577.
⑯ *DBWE* 10:577.

要理问答,预备他们接受坚振礼。朋霍费尔也是这么做的。在巴塞罗那,在柏林,在伦敦,他温和地拉着孩子们的手,带领他们用主祷文祷告。朋霍费尔也借着他留给我们的著作,继续带领我们认识并看重对祷告的操练。

在其柏林学术生涯的早期,朋霍费尔承担过一份额外任务,通过路德的要理问答带领一组桀骜不驯的男孩子预备他们的坚振礼。那是在柏林普伦茨劳贝格(Prenzlauer Berg)区的锡安教会(Zion's Church),与朋霍费尔成长的环境截然不同。这群特别的预备接受坚振礼的孩子,赶走了之前教导他们的其他老师。教会里没有成年人愿意参与进来,牧师就祷告并向柏林大学董事会求助,希望能找到一位需要积累教会工作经验的学生。于是,朋霍费尔这位年轻教授就来了。朋霍费尔并没有被这些孩子吓倒,而是立即投入到了工作中。其中有个男孩子,多年后看到了由"国际朋霍费尔学会"赞助的一个关于朋霍费尔的会议广告,就从柏林这个他从未离开过半步的城市登上了一列火车前往会议地点参会。几十年间,他目睹了这个城市沦为废墟后又被重建,目睹了一堵墙盖起来又被推倒。也是这几十年间,他从没有忘记,曾有一位年轻的神学教授,跟他和他的伙伴们一同分享过许许多多不可思议的美好时刻。这位先生,过去从未冒险离开过柏林,这次却破例远行赶到八十五公里外的一个会议上,只为要告诉聚在那里朗读和讨论论文的学者们,就在五十三年前,在柏林锡安教会,朋霍费尔曾经教导一群准备接受坚振礼的孩子,而这位先生自己正是那群孩子中的一员。他希望人们能够了解到,对他而言,朋霍费尔有着多么举足轻重的意义。为着朋霍费尔曾教导过他、所为他付出的,他终生感激不尽。

而那些教导的中心就是:祷告。朋霍费尔把"主祷文"划分为"关于你的祈求"(You petitions)和"关于我们的祈求"(our petitions)两部分。其中,"关于你的祈求"与上帝直接相关:

> 愿人都遵你的名为圣。
>
> 愿你的国降临,
>
> 愿你的旨意行在地上,如同行在天上。

"关于我们的祈求"则与我们有关:

> 我们日用的饮食,今日赐给我们。
>
> 免我们的债,如同我们免了人的债。
>
> 不叫我们遇见试探,救我们脱离凶恶。
>
> (太 6:9—13)

对于主祷文的前三个祈求,即"关于你的祈求",朋霍费尔指出:"这尤为重要,耶稣告诉我们,当你想向上帝祷告的时候,要首先思想跟上帝有关的一切。"⑰他接着说,"在一段时间里完全彻底放下自

---

⑰ DBWE 10:560.

己,并且明白,我们首先学习在祷告中说出'你的名,你的国,你的旨意'是更重要的。首先是你,然后还是你。"[18]前面也讲过,祷告首先是关乎上帝,其次才是关乎我们。不这么想和不这么祷告都是错误的。

一旦祷告坚定地以上帝开始、以上帝结束,并且以上帝为中心,我们就可以向上帝诉说我们的愿望、需要和祈求。朋霍费尔注意到主祷文里"关于我们的祈求"不只涉及我们的身体,也涉及灵魂。他也指出:"我们现在看到,耶稣使我们为罪得赦免所做的祈求紧跟在我们祈求每日的饮食之后,其中一定有这样的含义,即这赦免象征了某种我们的灵魂特别需要的东西,就像面包是身体必需的一样。"[19]没有面包我们会死。而没有赦免,已死的灵也不会活过来。没有赦免,也就没有属灵的生命。

在详细阐述这一祈求的过程中,朋霍费尔将赦免看为既是一种状态,也是一个行动。我们已得蒙赦免,借着基督的工作,我们从上帝的愤怒之下被救拔出来。朋霍费尔指出,"两个令人惊骇的词汇",即"上帝的愤怒和上帝的惩罚",在密切监督着我们。[20] 当我们在罪中时,我们跟上帝是"欠债的关系";而在基督里,我们罪得赦免,罪债被免除,与上帝的关系也被荣耀地更新为父子关系(sonship)。所以,被赦免是一种我们所处的状态。

---

[18] *DBWE* 10:560.

[19] *DBWE* 10:561.

[20] *DBWE* 10:564.

但另一方面,赦免也是一个行动或一系列行动,因为若要人被赦免,就需要有赦免的行动。所以,我们恳求上帝的赦免。朋霍费尔解释道:"上帝向我们所要的,就是把我们的罪带到他面前;然后,上帝就会赦免我们。"㉑上帝这样做只是出于"纯粹的爱"。㉒ 然而,这个赦免也带来一项义务:饶恕他人。朋霍费尔揭示了这其中的关系:"试想,如果临到一个人的不是本应有的愤怒和惩罚,而是来自上帝的爱,那么,他定会由此生发一个强烈的愿望。这愿望是什么呢? 就是去分享上帝的爱。"㉓我们透过饶恕他人而将上帝的爱分享出去。朋霍费尔正是用这信息来教导那些来自柏林最差街区的桀骜不驯的孩子们。朋霍费尔同时也竭力帮助他们做好坚振礼前的有关预备。在他们的坚振礼和第一次圣餐举行的那个主日,他们会穿崭新的西装参礼——那些西装是朋霍费尔自己花钱为他们置办的。

多年后,朋霍费尔在他的经典著作《作门徒的代价》中论述了"主祷文"。他说,主祷文不是仅仅作为祷告的一个常规典范,"更确切地说,它就是应当发出的祷告"。㉔ 这个祷告带领我们在祈祷的时候进入完全清晰和确定的状态当中。他也提醒我们这个祷告以"我们……的父"这几个字开始的意义:这是"一个孩子向着父亲的心发

㉑ *DBWE* 10:568.
㉒ *DBWE* 10:568.
㉓ *DBWE* 10:569.
㉔ *DBWE* 4:155.

出了呼求"。㉕ 他提醒我们："我们在耶稣里认识了天父的慈爱。奉
上帝儿子之名的祈求,使得我们可以直接称呼上帝为我们的父。"㉖

在《作门徒的代价》一书中,像在他的坚振礼课堂上一样,朋霍
费尔强调饶恕他人的必要性。作为基督徒,我们"生活在与其他罪
人的伙伴关系中"。㉗ 只有饶恕才使这种与其他罪人的共处成为
可能。

朋霍费尔对祷告的论述不只局限于对"主祷文"的评论。他视
祷告为一项关键的操练,既有独自祷告也有共同祷告。针对两种不
同的祷告形式,他都给出了富有见地的指导和颇具说服力的实例。

独自祷告

关于独自祷告,朋霍费尔从用经文祷告的操练开始讲解。这使
我们联想到前面关于错误祷告的讨论。我们通过用圣经经文祷告
来调整自我、转化自我、重塑自我。我们天性里有着只看自己的倾
向,而这会阻碍上帝的引领,上帝的圣言是对我们的错误方向最健
康的矫正物。

实际上,用圣经祷告就是在圣经面前安稳、静默。朋霍费尔在
《团契生活》中指出,在"侃侃而谈大行其道的日子",他需要有个人

㉕ *DBWE* 4:153.
㉖ *DBWE* 4:155.
㉗ *DBWE* 4:158.

的时间。㉘ 我们喜欢说，但我们必须能听，不仅聆听他人（前面对此已有探讨），也要聆听圣经里的上帝。朋霍费尔解释道："在上帝的圣言前静默，能够引导我们正确地聆听，因而也使我们在正确的时间能正确地宣讲圣言。"㉙对朋霍费尔而言，静默也意味着默想。他对默想有着相当严格的理解。他郑重表示，这不是某种为要进行"灵性试验"㉚的场合。也不是佛教徒式的那种让心灵在假想的极乐净土里游荡的冥想。朋霍费尔将默想绝对地关联于上帝的圣言，称那是"牢固坚实的基础"。㉛ 如果没有使圣经浸润我们的祷告，我们就可能成为"自己空虚的受害者"。㉜

朋霍费尔解释了用圣经祷告是怎样在每一天运作的："我们依照圣经上的某段话，求上帝今日赐下清洁澄明的思想，保守我们不致犯罪，保守我们更加成圣，保守我们在工作中忠心而有力。"㉝随后是最为鼓舞人心的话语："因为上帝的话已经在耶稣基督里成就，所有我们遵照上帝的话所发出的祈求，都必定在耶稣基督里得蒙垂听和回应。"㉞

谈到用经文祷告，毫无疑问朋霍费尔会选用《诗篇》，"这本书不

㉘ *LT*，79.
㉙ *LT*，79.
㉚ *LT*，81.
㉛ *LT*，81.
㉜ *LT*，84.
㉝ *LT*，85.
㉞ *LT*，85.

同于圣经里所有其他的书卷,因为它的内容全部只是祷告。"㉟这句话出自他出版于 1940 年的《圣经的祈祷书:诗篇导论》(*Prayerbook of the Bible:An Introduction to the Psalms*)引言部分。这里我们再次特别看到了朋霍费尔的基督论。第二章讲到,朋霍费尔神学的核心是基督论,这里我们发现,基督论也是朋霍费尔祷告观的中心。我们很容易翻开《诗篇》后质疑这些内容跟我有什么关系。朋霍费尔认为,这一开始就是一个错误的提问;他写道:"我们切勿首先问这些内容跟我有什么关系,而是要问这些内容跟耶稣基督有什么关系。"㊱《诗篇》指向基督并且以基督为中心。透过我们与基督的联合,我们得以进入《诗篇》,于是《诗篇》也成为我们的诗篇。

《诗篇》这一"伟大的祷告学校"为我们提供了大量的祷告,涉及创造、上帝对我们的恩慈、上帝救赎大工的历史、弥赛亚的来临、教会与上帝的子民、生活与工作(对此朋霍费尔指的是生命的意义,以及人生的圆满与幸福的问题)、患难、罪疚、仇敌与压迫者、死亡、复活与将来的生命。总而言之,《诗篇》涵盖了一切。很明显,用《诗篇》祷告有助于我们更好地祷告。㊲

我们最初来到基督面前的时候,对自己的罪可能只有一种肤浅的认识,知道它是可憎的,知道它是一种宇宙性、永久性的对上帝的冒犯,知道自己罪的代价。然而,通常来说,只有活在基督里一段时

㉟ *DBWE* 5:156.

㊱ *DBWE* 5:157.

㊲ *DBWE* 5:177.

间并且在基督里变得成熟之后,我们才能真正认识到我们罪的深重。只有在基督里,我们才能切实探究到自己极深处的需要与缺乏。于是,我们祷告。我们为自己祷告,为自己灵魂最迫切的需要——即得到饶恕——祷告。C. S. 路易斯(C. S. Lewis)曾说,真正的饶恕意味着,看到了罪"极致的恐怖、污秽、卑鄙、恶毒,然而却能与如此行的罪人完全和好。如此,且只有如此,才是饶恕;并且,只要祈求,我们就总能从上帝那里得着"。⑧

如果再次回顾朋霍费尔在柏林的一次讲道,关于保罗的"不住地祷告"(帖前 5:17)的命令,我们就能看到基督徒的身份有三个基本要素:喜乐与欢欣、祷告、感恩。朋霍费尔那次讲道的题目是"福音下的基督徒生活"(Christian Life under the Good News)。最近有大量关于以福音为中心的生活(gospel-centered living)的讨论。朋霍费尔指出,《帖撒罗尼迦前书》5:16—18 正是以福音为中心的生活(福音下的生活)之本质。我们**在基督里**喜乐;我们**在基督里**不住地祷告;我们**在基督里**存感恩的心而活。朋霍费尔讲到祷告时也不由哀叹,祷告在他那个时代已经被弃置到了基督徒生活的边缘。对祷告的漠视,归根结底是由于我们的不冷不热之心。对此朋霍费尔发出若干发人深省的叩问。比如,"我们中有多少人,正因为这种祷告的贫乏和疏于祷告而大大受损?"⑨"祷告的贫乏",这个令人忧伤的

---

⑧ C. S. Lewis, "On Forgiveness," in *The Weight of Glory and Other Addresses* (New York: HarperCollins, 1980), 181.

⑨ *DBWE* 10:577.

描述,的确是我们中许多人的真实光景。

如果生活在祷告的贫乏里,我们必定活不出健康的灵命。朋霍费尔解释了原因:

> 祷告,意味着让自己的生命转向上帝,转向他借着基督向我们启示的圣言,意味着让我们的生命降服并把它完全交托给上帝,意味着让自己投入上帝的怀中,意味着在上帝的同在里成长,意味着在我们自己的生命里感受上帝的生命。祷告,意味着我们渴望接近并且保持与上帝亲近,因为上帝已亲近了我们。[40]

这是朋霍费尔二十五岁时的讲道。他那时就认识到了将会伴他一生的真理。被囚禁在泰格尔监狱时,可以想象在那里他所遭受的是怎样的艰难困苦和暗无天日。曾有那么一天,他写下了自己无比悲观阴郁的感受。他只是草草涂鸦了几个词:不满、不安、不耐烦、不快乐——深深的孤独。他甚至写道:"自杀,不是因为罪疚感,而是因为基本上我已死了。"[41]然而在这页纸的底部出现了一句话:"**在祷告里胜过。**"[42]因为上帝亲近我们,我们渴望接近他,渴望与他亲近,而与上帝亲近带给我们得胜。朋霍费尔的情形和《诗篇》作者的遭

㊵ *DBWE* 5:577.

㊶ Bonhoeffer, "Notes," May 8,1943, *LPP*, 35.

㊷ Ibid.

遇可以说是完全一样,他们都**在祷告里深深地进入得胜**。

共同祷告:代祷

基于已经了解到的有关朋霍费尔的一切,我们能很自然地想到,他会强调为他人祷告。他在《团契生活》里指出:"基督徒团契得以存活,有赖于团契成员彼此之间的代祷,不然团契就会崩塌瓦解。我不会再去怨恨一位我为之祷告过的弟兄,不管他曾给我造成过多大的麻烦。"㊸在福音派文化的老生常谈之下,朋霍费尔的基督教现实主义思想令我深深为之感恩。他从不美化和掩盖基督徒团契里会出现的各种挫折与冲突。

"不管他曾给我造成过多大的麻烦"这句话,展示出在说到人际冲突时朋霍费尔的诚实无伪。他甚至承认,为那些得罪了自己的人祷告就是一场"争战"(用的是德语词汇 *kampf*)。朋霍费尔的这些经历,不仅包括对他直截了当的诋毁诽谤,也包括那些近距离接触时令人恼火的小麻烦。换句话说,朋霍费尔亲历过所有这些事,包括把他抓起来(字面意思)的真正的敌人,也包括在芬根瓦得的年轻神学生。解决方案是什么?为他们祷告。

朋霍费尔并非把祷告作为一种操控手段,或是一种蒙蔽我们大脑的技巧。在为人代祷的过程中,我们认识到基督的爱——对我们,对他人,甚至是对那些有过犯的弟兄姐妹——之深切。在基督

㊸ *LT*, 86.

里为弟兄姐妹代祷能够提醒我们，他们也是"基督为之舍命的人"。[44]
朋霍费尔继续说："代祷不是别的，就是把我们的弟兄带到上帝的面
前，看到他不过也是一个在耶稣的十字架下需要恩典的可怜罪人。
于是他一切曾令我们反感厌恶的东西都不见了，所看到的全都是他
的穷困与匮乏。"[45]朋霍费尔继续指出，在代祷一事上，我们对上帝和
弟兄都有亏欠。代祷是我们的义务："凡拒绝为邻舍代祷的，就是拒
绝向邻舍施予基督徒的服侍。"[46]

　　彼此代祷能自然而然带来彼此的服侍。歌手及词曲作者布鲁
斯·史普林斯汀（Bruce Springsteen），充其量只是一位无足轻重的
罗马天主教徒，绝非专业神学家，有时却能说出十分敏锐的神学观
点。他在一首歌里，带着新泽西口音说唱："用这双手，我祈祷上
帝。"对此朋霍费尔多半会赞同。朋霍费尔在《团契生活》里讲到，
"彼此代祷"也有"不用语言"[47]的方式。彼此服侍与彼此"包容"，是
我们彼此代祷的自然延伸。祷告发自我们的内心和嘴唇，但也延伸
至我们的双手。我们同样会预想到，朋霍费尔主张积极有效的祷
告，这种祷告是使用双手的祷告。在祷告的属灵操练与使用双手彼
此服侍的行动之间，有一种令人感恩的模糊界线。两者都是代祷。

　　朋霍费尔教导芬根瓦得的年轻神学生祷告，他是对的；强调神

---

[44] *LT*，86.

[45] *LT*，86.

[46] *LT*，86 - 87.

[47] *LT*，103.

学院要把祷告作为必不可少的训练,他是对的;提出牧师服侍的高度取决于祷告在其生命里扎根的深度,他是对的;看到教会在紧急状况里最紧迫的任务是祷告,他是对的。他自己的祷告使他进入服侍与行动,而他的服侍与行动则是他祷告的结果。

朋霍费尔有一句话不同寻常:"显然,祷告在我们这个时代已经毫无存身之处。"[48]称其不同寻常,是因为这句话很犀利,既明显地对,又明显地错。说他对,是因为在他那个年代,祷告的确被大为忽略。然而,他那个年代并非唯一当受指控的时代。对祷告的轻慢无视,有五花八门、各式各样的理由,但没有一个能站得住脚。上帝设计了祷告,作为我们的命脉。祷告是我们与三位一体上帝交通的途径,是我们的救主、造物主和生命之主在我们生命里成就他旨意的途径。

结论:远不止是钟表

1730 年 6 月,几位印第安切罗基人(Cherokee)的酋长越过大西洋,想要觐见乔治二世国王(King George II)。他们首先来到肯辛顿宫(Kensington Palace),要在这里签署条约,申诉对法国人的不满,向国王恳请帮助和支持。他们在接待大厅里等了多日,一次又一次地在那里苦等,直到国王批准他们觐见。最终,他们获得了向国王面呈请求的机会。依照习俗,国王通过赠送礼物表示他们的请求得

---

48 *DBWE* 10:576.

到了接受。乔治二世送给切罗基酋长的是几座时钟。

毫无疑问,那些都是制作精良的时钟。任何一位英国贵族如果能拥有这样一份礼物,都会深感荣幸,大肆炫耀。然而,这些切罗基人并不知道这些时钟是什么东西,有什么用处。最终他们在跨越大西洋返回殖民地时,是否把这些时钟带回自己的家,也不得而知。从历史可以清楚知道的是,乔治二世国王与切罗基人签订条约的结果。

与这种情形相比,我们向全能上帝、宇宙至高主宰的祷告是何等大相径庭。我们不需要乘上轮船,航行数千英里,在一个宏伟的门厅里,为了觐见而不得不等候多日。此外,当我们得到王的接见,他不会是送给我们时钟,他乃是恩慈、精准地供应我们的需求。而我们也深知,他的应许是可信的。他从不失信毁约。

不过,朋霍费尔提醒我们,祷告的旅程实际上远比穿越大西洋的航程代价高昂。我们来到上帝面前祷告的旅程是以上帝的儿子耶稣基督的宝血为代价的。基督舍命使我们得以进入天父上帝的殿里。基督舍命使我们蒙恩得到王的礼物:进入他的国、得见上帝的旨意成就、罪得赦免、蒙保守不受试探、得以脱离凶恶、被赐予每日的饮食。而且,基督的舍命,确保上帝所有的应许必定会实现。既然如此,为什么我们竟要成为无视这些弥足珍贵之礼物的百姓、教会或世代呢?

第六章　认信

> 我认为我这么说是对的：唯有真正开始认真对待登山宝训，我内心才能获得真正的清晰与诚实。
>
> ——迪特里希·朋霍费尔，1945 年

> 年轻的神学生应当认识到，学习神学是为了服侍基督的真教会，而真教会坚定不移地认信基督是主，并带着这个责任而生活。
>
> ——迪特里希·朋霍费尔，1933 年

由于某些原因，神学往往被视为与灵性对立。我们可以从下面这句流行说法里感受到这种张力："我并不想**知道有关**（know about）上帝的事。我只想认识（know）上帝。"设想一下，你告诉自己的妻子或丈夫，你只想认识她或他，但你并不想知道关于她或他的事。这对你不会有什么好处。而这样去谈论上帝，也同样没有什么意义。

灵性与神学之间的这种张力会导致近乎致命的严重后果。无论是地方教会还是更宽泛的事工机构和协会，如果在一味推进事工时对神学置之不顾，就只会苟延残喘。对基督徒个体也是同理。一

旦缺乏审慎的神学反思，就无可避免地会偏离健全的教导和真正的福音，你会发现，出现问题是迟早的事。

再来细看一下只想"认识上帝"但不想"知道有关上帝的事"这个观点。一方面，对观点里表达的认识上帝的愿望我们是赞许的。但上帝并不像我们在百科全书里查考的词条那样是可以研究认识的对象，我们得在一种关系里，在上帝对他所救赎的子民全然信实守约的完整背景下来认识上帝。如果不了解**有关**上帝的事，我们真的压根无法认识上帝。上帝向我们启示了他自己，显明了他的位格和他的属性。上帝邀请我们去了解他。事实上，对有关上帝的事不做了解是不可能认识上帝的。而且这也很危险，因为我们会迅速从与上帝关系的基础和内容——即上帝对自己的启示——中脱离，代之以用个人的偏见和感觉感知上帝的所是和上帝工作的方式。当我们说"我不想知道有关上帝的事"时，危险就伏在门前了。因此，我们通过了解关于上帝的事来认识上帝——这种做法更可靠。

在美国福音派背景下，我们似乎特别容易产生这种灵性与神学间的对立。也许我们可以将其归因于敬虔主义（pietism），因为许多福音派都深受敬虔主义的浸染。敬虔主义与敬虔（piety）不当混为一谈。敬虔单纯地用来指属灵的操练，包括祷告、读经、默想、禁食和行善。敬虔意味着，在上帝面前，为了他人而发出的出于感恩与爱的虔诚举动。敬虔意味着努力活出圣洁的生命。我们都应当操练敬虔、追求敬虔的生活——仰赖上帝的恩典，透过与基督联合并依靠圣灵的装备和能力。敬虔是善美之事。然而，敬虔主义则完全另当别论。

敬虔主义把基督教信仰缩减为个人圣洁的行为。它也倾向于情感主义(emotionalism)。敬虔主义强调个人性地追求上帝,很少关注神学反思。在敬虔主义群体中,大家听到"正统信仰"的时候都是在他们谈论"僵死正统"(dead orthodoxy)的时候。使敬虔主义偏离轨道的正是它的简化主义(reductionism)。强调圣洁生活是一回事,强调不顾忠于圣经和正统神学而盲目追求圣洁生活,则完全是另外一回事。敬虔主义的错误在于,它拒绝承认**既要**有正确生活**又要**有正确神学的需要。

敬虔主义实际上始于德国路德宗牧师菲利普·雅各·施本尔(Phillip Jakob Spener)和奥古斯特·海尔曼·弗朗克(August Hermann Francke)的工作。施本尔 1675 年的著作《敬虔之愿》(*Heart's Desire / Pia desideria*)标志着敬虔主义的诞生和成形。随后,敬虔主义从德国进入英国,对约翰·卫斯理(John Wesley)及早期的循道宗(Methodism)产生了重大影响。从 18 世纪 90 年代到 19 世纪 20 年代,早期的循道宗又把敬虔主义带入美国。德国和瑞士的各种移民,苦于自己在家乡受到的逼迫,在 18 世纪也把敬虔主义带到美国。这些不同的源流纷纷汇聚,形成了敬虔主义在美国基督教界坚实的堑壕。可以肯定地说,到了 19 世纪,敬虔主义已取代了清教徒主义(Puritanism),成为美国宗教生活的主导力量。

我们需要明白,敬虔主义之所以有问题,不是因为它强调追求圣洁,或是因为它强调服侍人、强调做善工,而是因为它偏废了某些东西。敬虔主义倾向于回避神学认信、审慎反思和分析性论证。而且，敬虔主义往往是自我关注的，忽略对上帝恩典的聚焦。它没有足够强调三一上帝在我们生命中的工作。相反，它强调依靠自己的力量和借助自己的手段追求成圣。虽然口头上颂扬恩典，实际上敬虔主义只关注自己的努力，靠自己发奋、发力而拼搏出一条追求属灵和圣洁的道路。

我见过多种形式和程度的敬虔主义。在那些把基督教信仰简化为"真的真的对上帝充满激情"的年轻人的聚会和营会上，我见过敬虔主义；在那些以灵命复兴为背景、专注于个人情感体验和情感表达的聚会上，我见过敬虔主义；从那些认为想得太多太深就是基督教仇敌的叙述里，我听到或读到过敬虔主义；从那些使劲把火车拉上山时将基督教简化为小发动机式的咒语"我认为我能，我认为我能，我认为我能"的人群里，我看到了敬虔主义。我们可以拿出统计数字和盖洛普民意测验（Gallup polls）对此给予证实，或者，我们只是简单地把全美国的福音派群体周游一遍，就能轻而易举地遇到敬虔主义。

敬虔主义及其对美国福音派的影响，应该对灵性生活与神学事务之间的这种令人遗憾的张力负有主要责任。那么，神学家呢？他们应当为这种张力承担什么责任吗？也许是的。我们很快就会深入探讨。朋霍费尔在这方面的主张实在是清晰透彻又充满力量：神学家理当服侍教会。神学家既不应服侍研究院，也不应彼此服侍。神学家理当服侍教会。一旦神学家忽视了自己的首要呼召是服侍教会，他们就往往衍生出一种与教会生活、与教会会众脱节的神学，使会众**远离神学**，而不是向神学**靠近**。

这种倾向存在两方面的危险。首先，用来服侍院校和其他神学家同仁的神学，可能会止步于只是对**关于**上帝的事有所了解，却从未真的认识上帝。其次，这种神学建立一套系统，甚至含有完整的术语体系，平信徒对这一套深感陌生。

对此我们需要进一步说明。神学家们的确已经凭借他们的学术研究工作有效地服侍了教会，即便他们的用语有可能让人感觉不容易理解，也仍大有助益。举例来说，**三位一体**（Trinity）这个神学概念，出自早期教父德尔图良（Tertullian）的贡献，对圣经在上帝的本性（nature）和存有（being）方面广泛且复杂的教导提供了一种最有帮助的表达方式。针对上帝的位格和本质（substance），教父们进行了繁琐深入的神学辩论，辩论的同时还不断潜心研究圣经文本，直面各种挑战。那些神学辩论，对几个世纪以来的教会生活和实践都是大有裨益、甚至必不可少的。但是，当神学家的工作变得如此高深、如此抽象，以致远远超出了平信徒的理解水平，出现的结果就是：平信徒会反其道而行，转而追求经验和朦胧的属灵体验。敬虔主义的圈套比神学家的深奥难懂更具吸引力。因此，读者要明白：神学家的工作是好的、必要的，但有时候却会适得其反，事与愿违，导致人们远离健康有益的神学思考。敬虔主义是这种灵性与神学之间可悲张力的罪魁祸首。但是神学家对此也难辞其咎。令人难过的是，他们的确有很多可责之处。

朋霍费尔要面对他那个时代的敬虔主义,也要面对跟敬虔主义对立的理性主义(rationalism)。如果说敬虔主义与情感有关,那么理性主义则关注智力(intellect)。保持理性或使用理性,与理性**主义**大为不同,就像敬虔和敬虔**主义**迥然有别一样。保持理性是件好事。上帝将我们创造成为智性存在(intellectual beings),他赐给我们头脑并让头脑不断发展。上帝希望我们在他的世界和他的话语里动脑筋深入探索。但这不是理性主义。理性主义蔑视情感,甚至蔑视灵性。如果应用到神学上,理性主义意味着把神学删减成只用于论辩的单纯命题。依照理性主义,神学家就只是科学家而已——不多也不少。

如同任何相互对立的观点一样,敬虔主义和理性主义不断驱策彼此走向更加极端的立场。随着钟摆越摆越远,他们彼此的分歧也愈演愈烈。当迪特里希·朋霍费尔作为一个年轻的神学教授开始在柏林大学授课时,他看到的是满教室的以理性主义方式培育出来的学生。而当他看向教会,特别是较为保守的教会,他看到满教堂坐着的是敬虔主义的信徒。这就是朋霍费尔的处境。作为神学家和神职人员,他所面临的工作简直就像是为他量身定制一般。

朋霍费尔努力寻求让已经渐行渐远的双方重新握手言和。在灵性和神学的这种分裂里,在理性主义和敬虔主义的争论中,朋霍费尔找到一条中间道路,对两种极端都予以警示。他是通过两个最基本的委身做到这一点的。第一个委身前面已经讲过,**神学要服侍教会**;第二个委身是,**神学必须被活出来**。神学总是责成我们负有义务。信仰和认信属于神学的范畴,而它们必须被实践出来,而实践属于基督徒生活的范畴。宣告一个信念,就是指要依赖这信念而活、出于这信念而活、借着这信念而活、为了这信念而活。神学与基督徒生活相辅相成。如果把神学与灵性,或与基督徒生活的相关事情彼此对立起来,那么教会整体和每个基督徒个体就会深受其害。而当神学和灵性彼此相得益彰,我们就能够茁壮成长。

作为认信的神学:神学在教会生活中的位置

你可能以为自己被这一章的标题蒙骗了,因为"Confession"(认罪/认信)这一标题也许会让你觉得这一章是在讲认罪。的确,认罪对朋霍费尔而言至关重要。对认罪的看重可以追溯到马丁·路德,而路德又将其追溯到圣经(雅 5:16)。路德虽然从罗马天主教分离出来,但他仍主张信徒要彼此认罪,以及向牧者认罪。在《大要理问答》(Larger Catechism,1529)中,路德作出了关于认罪的教导。朋霍费尔与路德看法一致。

在芬根瓦得神学院担任主任时,朋霍费尔明确倡导要向上帝认罪,同时提出也要定期私下彼此认罪。学生们一度反抗这点,但尽管如此,朋霍费尔仍继续坚定地予以推行。朋霍费尔认为,彼此认罪是基督徒团契一个意义重大的组成部分。他坚信,若没有彼此认罪就不会存在真正的团契。在芬根瓦得事工之后写的《团契生活》一书中,朋霍费尔继续倡导认罪的操练。尽管认罪在基督徒生活中尤为重要,它却不是本章的主题。这一章的 confession 是指神

学——宣告相信上帝并相信有关上帝的真理。

在朋霍费尔看来,这种认信有其目的。认信塑造我们的生命。神学家们反思、角力、论辩、悔罪、祷告、服侍,并且生活——这些都要谦卑仰赖上帝的恩典,都要降服在上帝的圣言之下。它们彼此之间是共生共存的关系。这正是朋霍费尔对神学生,对他的教会,对他自己的殷切期盼。没有认信,你就无法拥有基督徒生活和教会。①

认信,或称信仰告白,在教会生活中历史悠久。有些人主张甚至在圣经经文里就可以找到认信。《申命记》6:4 就带有认信的味道,尽管非常简短。* 也有人认为,《提摩太前书》3:16 可能是初代教会广为流传的赞美诗或信仰告白,后被保罗收入写给门徒的书信中。在这段信息里,保罗的用语富有韵律,对基督在地上的生活做出概括,他引介的用语是这样的:"大哉,**我们认信。**"**

从新约转向初代教会,我们发现,信经和信仰告白在当时已经承担起关键角色。甚至在公元 1 世纪结束前,主教们已把信条写下来,用以指导初信的信徒,在公众崇拜中背诵,教导虔诚的信徒等等。而许多世纪以来,这些主教使用的早期信条,经过后来的综合、完善,最终形成了《使徒信经》。取名《使徒信经》,是由于信经代表使徒教导的总结,也是对新约的总结。换句话也可以说,这是对基

---

① 关于需要信仰告白的颇具说服力的探讨,参见 Carl R. Trueman, *The Creedal Imperative* (Wheaton, IL: Crossway, 2012)。

* "以色列啊,你要听! 耶和华我们上帝是独一的主。"(申 6:4)——编者注

** 参考新译本。——译者注

督教教义的总结。

在初代教会,也出现了两个从大公会议形成的伟大信经——《尼西亚信经》(Nicene Creed,325 年)以及《卡尔西顿信经》(Chalcedonian Creed,451 年)。对圣经关于基督位格和基督工作的教导,及这教导在教会生活方面的应用,两个信经都有明确的陈述。这两个信经好比界桩,把异端和正统信仰区别开来。我们从初代教会了解到,信经是如何从教会的敬拜中产生出来的。既然信徒要聚在一起敬拜基督,称颂他的道成肉身、被钉十架和复活,他们就需要清楚明白基督是谁。就这样,认清基督身份的迫切性,促使教会制定了这些信经。

进入宗教改革时期后,我们看到另外一种制定信经的缘由,同样也是由于教会生活需要对一种刻不容缓的情形做出回应。来自宗教改革多个分支的领袖们,针对福音的性质和真教会的身份这类问题,着手写下他们对圣经教导的理解。改教家尽力记录下他们的信仰陈述,然后提供给教会信徒,引导他们忠于圣经,帮助他们在信心中成长,辅助他们敬拜上帝。

为此,路德不仅撰写了要理问答——《儿童要理问答》(Child's Catechism)和《大要理问答》,都是写于 1529 年——也在他人的帮助下撰写了信仰告白——《奥格斯堡信条》(Augsburg Confession,1530 年)和《施马加登信条》(Smalcald Articles,1537 年)。路德去世后还出现了《协同书》(Book of Concord,1580 年)。这些文献构成了路德宗(Lutheranism)神学体系主干。各种改革宗(Reformed)

和长老会宗派（Presbyterian）、重洗派（Anabaptist）、浸礼派（Baptist），在 16 世纪和 17 世纪时也都致力于信条的制定。[②]

然而到了 20 世纪，许多主流宗派开始从宗教改革时代神学认信的停泊处游离开去，渐行渐远。例如，威斯敏斯特信仰准则（Westminster Standards）（包括《威斯敏斯特大小要理问答》[Westminster Shorter and Larger Catechisms]、《威斯敏斯特信仰告白》[Westminster Confession of Faith] 和《公共崇拜指南》[Directory for Public Worship]四个部分）的地位在作为主流的神学自由派长老会被显著削弱。到了 20 世纪 20 年代，这种做法遭到梅钦等人的严厉批评，并导致不少新的宗派应运而生，包括今天的美洲长老会（Presbyterian Church in America，简称：PCA）。主流宗派中的一些改革宗教会，例如联合基督教会（United Churches of Christ，简称：UCC），不再持守《海德堡要理问答》（Heidelberg Catechism，1563 年），以及宗教改革时期出现的其他信仰告白，比如《多特信条》（Canons of the Synod of Dort，1618—1619 年）。普世运动（ecumenical）风潮伴随现代主义意识（modernist sensibilities）的日益加剧，使得这些主流宗派纷纷削弱了其神学认信在教会生活中的地位。

信仰告白在主流教会内的地位被日益减损，这对广大的福音派

[②] 对信仰告白之历史的完整讨论，参见 Jaroslav Pelikan, *Credo: Historical and Theological Guide to Creeds and Confessions of Faith in the Christian Tradition* (New Haven, CT: Yale University Press, 2003)。

和神学保守派人士具有严峻的警示意义。当神学被削弱——有时神学家是始作俑者——教会就会陷入重重危机，就好像借钱度日一般。一旦这些钱花光，教会就要面临债务危机。游离有各种形式和不同规模的呈现，有的不易觉察，有的众目昭彰；有的是无心而成，有的则是有意而为之。无论如何，但凡出现游离，就势必产生致命的危害。

认信的游离等于脱离了圣经，因为从 20 世纪的情况看，圣经在这些主流宗派教会生活中的影响力也是每况愈下。与神学脱节，必然引起与圣经真理的脱节，随之就会导致与教会生活和教会使命的脱节。整个 20 世纪，在美国和欧洲各宗派内部的斗争中这种脱节屡见不鲜。

路德宗教会也紧随其后。当朋霍费尔在芬根瓦得建立神学院时，他力图纠正困扰国家教会的三大缺陷，定意要让认信教会避免这些。首先是在祷告上的缺陷，包括祷告本身的缺乏和对祷告的教导的缺乏；其次是在读圣经、默想圣经和解释圣经上的缺失；第三是对路德宗神学和信仰告白的学习、教导和委身的缺乏。

在前面几章，我们探讨了朋霍费尔关于祷告和圣经的观点，了解到他是如何强调祷告和读经之不可或缺，包括芬根瓦得神学院的课程设置、神学生个人操练和团契生活等方面。祷告和读经是传道人、传道人的属灵生命、其所牧养教会的教会生活的基本要素。事实上，没有祷告和读经就没有真教会。难怪德国国家教会迷失了自己的方向。传道人在确保一个健康教会的三大基本要素——祷告、圣经、神学——上严重不足。

朋霍费尔也同样地看重信仰告白——即神学研究与神学委身。德国路德宗教会，即帝国教会，在 20 世纪 30 年代早期至中期，对神学极尽贬低，对圣经更是不屑一顾。然而朋霍费尔知道，若没有严谨的神学反思和对神学的委身，教会就是在出卖自己的灵魂。尽管国家教会对历代信经漠然以对，但在芬根瓦得神学院里，朋霍费尔则下定决心严格要求这些未来的牧师们，要把自己透彻沉浸在他们所认信的信仰准则里。对朋霍费尔而言，以信仰告白表达的神学至关重要。

这里要有神学

回顾在芬根瓦得的生活时，贝特格记录了朋霍费尔如何"享受在《施马加登信条》上投入的时间"，[③]还说，"他热爱《协同信条》。"[④]朋霍费尔还依照这些文献制定了神学院的教学大纲。贝特格告诉我们：

> 朋霍费尔有一本信仰告白文集，其中在《协同信条》那 [121]
> 一部分，每一页都布满了用下划线强调的段落、感叹号和

---

③ Eberhard Bethge, *Dietrich Bonhoeffer: A Biography*, enl. ed. (Minneapolis: Fortress, 2000), 447.

④ Ibid., 449.《协同信条》(*Formula of Concord*, 1577 年)是路德宗权威教义信条，它包括了《奥格斯堡信条》。参见 www.bookofconcord.org。

问号。在芬根瓦得的后期课程中,这些下划线、各种标记
和提问,成为这个课程系列的首要主题。⑤

　　我们要感谢这些问号。我的一位教会历史学教授威廉·S. 巴
克(William S. Barker),他是所属教派的重要牧师,曾转述他考察教
牧候选人的经历。美洲长老会的教义标准是《威斯敏斯特信仰告
白》《威斯敏斯特大小要理问答》和《公共崇拜指南》。候选人要同意
接受这些信条才能被按立为牧师。巴克教授表示,他更偏爱那些讨
论这些标准信条时有所顾虑的候选人,而不是那些二话不说就直接
签名的候选人。他怀疑后一类候选人也许根本没有通读过这些教
义标准。巴克应该会喜欢朋霍费尔的问号。这些问号表明,朋霍费
尔在与路德宗教会的教义标准摔跤,他认真地思考这些历史悠久的
信条应当怎样指引和带领今天的教会。那些漠视自己宗派标准的
人往往会对信条弃置不理,或者仅仅含糊地默认;但是那些郑重看
待教义信条的人,往往会在教义文本上认真地划线强调,做上标记,
提出问题。

　　朋霍费尔熟读精思自己宗派的神学认信,他也确保自己的学生
能做到这点。在多年前写给巴特的信中,朋霍费尔曾表达了自己在
教会斗争中受挫。"我们的教会体制,"他写道,"甚至完全缺失了异

---

⑤ Bethge, *Dietrich Bonhoeffer*, 449.

端的概念。"⑥他阐述了同样的信息——以更强烈的语气——给当时他基督论课程的学生："就当下而言,异端的概念已不复存在……异端这个词已经从我们的词汇表中被剔除出去。然而,异端的概念对认信教会而言是必不可少且不容商榷的要素。教会教义必须始终不渝地坚决抵制错误的教义。"⑦紧接着他补充说,这个关于异端的讨论是出于爱,而不是出于缺少爱。不讲出真相、不指认异端是**异端**,是没有爱心的表现,反之,"如果我的确是向他们说诚实的话,那么我这么做是出于爱"。⑧

1933 年,朋霍费尔认识到他的教会中存在着重大神学问题,可是他也发现,在相关神学辩论上他根本无能为力。这种无能为力其实是与朋霍费尔无关的。因为问题的症结在于,他的教会完全摒弃了神学,教会领导人甚至对异端没有任何概念。到了芬根瓦得之后,朋霍费尔要确保两个概念——神学和异端——都能够得到正确理解,且受到持续的高度关注。

事实上,在柏林大学执教时朋霍费尔就已经在坚持这样做了。去那里任职之前,朋霍费尔在纽约协和神学院度过了一年,而 1929 至 1930 学年正是美国基督教的关键时期。1929 年,梅钦辞去了普林斯顿神学院(Princeton Theological Seminary)的职务,建立了威斯敏斯特神学院(Westminster Theological Seminary),并于当年 9

---

⑥ 朋霍费尔写给巴特的信,1933 年 9 月 9 日,*DBWE* 12:165。

⑦ Bonhoeffer, "Lectures on Christology," *DBWE* 12:332.

⑧ Ibid.

月 25 日开学。当时正值基要主义和自由派神学不断发生冲突的时期,局面一片混乱。协和神学院是自由派阵营的旗舰,其地位不亚于富司迪克(Harry Emerson Fosdick)在教授讲道学方面的领导地位。朋霍费尔当时恰好在协和神学院,他亲眼看到、亲耳听到了所发生的一切。

朋霍费尔准备了这一年访学的书面报告,提交给德国的教会联合会办公室(Church Federation Office)。他在报告中直言不讳地写道:"协和神学院的神学精神正在加速美国基督教信仰的世俗化。"⑨他接着说,

> 在这个神学院里,众多学生在一场公开演讲中哄堂大笑,而令他们觉得好笑的,是演讲引用了路德的《论意志的捆绑》(*On the Bondage of the Will*)中关于罪与饶恕的信息。尽管神学院有其他诸多优势,但显而易见,基督教神学最为本质的是什么,已被他们遗忘。⑩

后来朋霍费尔补充说:"在一次有很多学生参加的讨论会上,协和神学院的一位首席教授在学生的掌声中向我坦承,因信称义对他而言

---

⑨ Bonhoeffer, "Report on His Year of Study Prepared for the Church Federation Office," 1931, *DBWE* 10:309.

⑩ Ibid., 309 – 310.

并不重要，他压根不关心这事。"⑪

在纽约期间，朋霍费尔设法开车到墨西哥旅行，他走遍了东海岸，甚至到了佛罗里达群岛。他也去了古巴，在那里度过了圣诞节假期。在古巴时，他写信给他的教长迈克斯·迪斯特尔（Max Diestel），谈及协和神学院"整个情形的可悲之处"。他直白地说："这里没有神学。"⑫如果说他在协和学到了什么，那就是：无论他将要到哪里执教，他都应当确保那里一定要有神学。

教会服侍中的神学

不过，朋霍费尔只对一种特别类型的神学感兴趣。他心中认定的神学是以教会为目的的神学——不仅仅是**向**教会说教的神学，而是**服侍**教会的神学。朋霍费尔不仅发现协和神学院缺失神学，也发现一些教会缺失讲道，而这些教会的神职人员是从协和神学院或同类神学院毕业的学生。这两个发现并非巧合。如果朋霍费尔在评论协和神学院时会说，"这里没有神学"，那么在他走访了一间又一间教会后他应该会说，事实上也的确说过，"这里没有讲道"。关于富司迪克带领的河畔主教座堂（Riverside Cathedral），在 1939 年 6 月 18 日的日记里，朋霍费尔这样描述了自己的感受："这里简直令

---

⑪ Ibid. , 311.

⑫ 朋霍费尔写给迪斯特尔的信，1930 年 12 月 19 日，*DBWE* 10：265。后来，在他的课程行将结束时，他写信给迪斯特尔说："在神学院这里的课程学习……没有多大收获。" April 25,1931, *DBWE* 10：296。

我忍无可忍。"⑬

　　紧接着那次聚会后的周日,朋霍费尔参加了一间他自己宗派教会的主日聚会,是中央公园边上的一间路德宗教会。他再次感受到当天讲道中的福音信息是何等匮乏,解经也极度不足,整个讲道索然无味。"实在是非常可悲",他总结道。⑭ 随后的周日他去了一间卫理公会教会,而那次讲道"不是根据经文"来讲,"与基督教的宣信毫无呼应"。⑮ 再之后他登上一艘船返程回家。在船上他参加了一次主日崇拜,由一位美国牧师讲道。朋霍费尔的回忆是,"讲道故作多情,空话连篇"。⑯ 这就是那些讲道,接连四次,都不值得让他在家信中提及。

　　1939 年短暂造访康涅狄格州的莱克维尔(Lakeville)期间,朋霍费尔表示,他从对"成千上万的萤火虫"的观察中所学到的,都比他从听道中学到的要多。没有好的神学,就不可能带出真正的讲道。而实际上,朋霍费尔所经历的已经是当时美国自由派神学所能给出的最好呈现了。

　　最能有效服侍教会的神学有两个基本的决定性特征:忠实地陈述上帝的启示以及服侍教会。关于第二个特征,换句话表达就是,最能服侍教会的神学是宣讲上帝之道的神学。前面我们看到朋霍

124

⑬ Bonhoeffer, "American Diary," June 18,1939, *DBWE* 15:224.

⑭ Bonhoeffer, "American Diary," June 25,1939, *DBWE* 15:231.

⑮ Bonhoeffer, "American Diary," July 2,1939, *DBWE* 15:236.

⑯ Bonhoeffer, "American Diary," July 9,1939, *DBWE* 15:238.

费尔在 1940 年写过一篇讲座大纲"神学与会众"。他在其中提醒我们，教会"唯独建造在上帝的话语上"。[17] 他说：

> 神学，是对上帝话语连贯而有序的认识，这种认识要考虑到上帝话语所处的背景，而且受到教会信仰告白的指导。神学对教会的服侍体现为，在教会会众中纯粹地宣讲上帝的话语，以及按照上帝的话语建造会众。[18]

朋霍费尔进一步指出，会众何等需要清晰的教导。会众需要对上帝的道清楚明了，需要对"什么是真，什么是假"清楚明了。这是信仰告白和神学家-牧师工作的出发点。[19] 以此为起点的讲道才能生发出信心，而这样的信心才能带来生命。

1940 年，朋霍费尔写出上面的信息之前，给分散在各地的以前的学生和认信教会的年轻牧师们写了一段圣诞默想。他被道成肉身的奥秘所震撼，借着这一事实，并在纪念耶稣降生的节日之际，他提醒学生们要认识这奥秘在信仰中的地位。他说，试图"破解上帝的奥秘，将其轻视为普通的、无关神迹的、仅仅基于人类经验与理性

---

[17] Bonhoeffer, "Theology and the Congregation," 1940, *DBWE* 16：494.

[18] Ibid.

[19] 更多关于这一点的讨论，参见 John Piper and D. A. Carson, *The Pastor as Scholar and the Scholar as Pastor：Reflections on Life and Ministry*，ed. David Mathis and Owen Strachan (Wheaton, IL：Crossway, 2011)。

的智慧之言"[20]是极为愚蠢的！这里他将神学家的任务定义为"理解、捍卫、高举上帝的奥秘，认定那是确凿无疑的奥秘"。[21] 追求真理的清晰明白，从来都不应当以损失上帝的奥秘为代价。但是，如果每次都简单地"回归"到奥秘也是不够的。我们需要把这两部分放在一起，进而认识神学家在宣讲上帝的圣言时应当把握的清晰与奥秘之间的平衡。道成肉身，这个朋霍费尔圣诞书信的主题，就是一个将清晰与奥秘结合的突出样本。

朋霍费尔称道成肉身是"基督论之宏大体系"的关键内容，它也是长期以来神学家们关注的焦点。朋霍费尔赞赏这种神学工作及其精心构建的框架。在信尾他用以下观点做了总结：

> 然而，要说的重点，当然不是我们对这一宏大体系的赞赏，而是通过这当中的一两个想法，我们将受到引导，以更加尊敬和崇拜的心阅读和思考上帝成为人这一奥秘的圣经见证，也许甚至会更加深沉和喜乐地唱颂路德的圣诞赞美诗。[22]

所以，根据朋霍费尔的观点，我们认识到，神学家的复杂工作就在于构建出能宣讲真道的神学、能服侍教会的神学。神学家给予教

---

[20] Bonhoeffer, "Meditation on Christmas," December 1939, *DBWE* 15:529.

[21] Ibid.

[22] *DBWE* 15:533.

会的既有清晰的教导，也有信仰的奥秘，从而带来对上帝的敬畏和尊崇。它还带来喜乐。在纳粹战争机器肆虐之际，若非有好的神学，地下教会的牧师和地下神学院的学生便不会有真正的喜乐。这就是宣讲上帝之道的神学。

结论：生活中的神学

讲道的神学归根结底就是有关生命的神学。缜密思考、敬畏、崇敬和喜乐都能带来生命——这是一种特定形式的生命，一种作门徒的生命。对于这一点的论述，在朋霍费尔的著作中，也许没有任何其他作品能够比《作门徒的代价》结尾一章里的阐述更为敏锐犀利。实际上整本书都体现出，在深刻的神学反思与俗世真实生活的应用之间，存在着丰富多样的融合。但是在最后一章"基督的形象"中，朋霍费尔使两者达到完美的融合。

在这本论基督徒生活的经典著作里，朋霍费尔在最后一章全书末尾评论道："耶稣的跟随者（follower/*Nachfolger*）就是上帝的效仿者（imitator/*Nachahmer*）。"㉓在这一章，朋霍费尔清晰且深刻地反思，基督何等完美地具备了上帝的形象，基督何等完美地**就是**上帝的像（林后 4：4）。他首先带我们回顾了按着上帝形象受造的亚当。随后亚当堕落了。朋霍费尔感叹，人类"如今已经失去了活着的根本目的，就是作为有上帝形象的人本应有的生活目的。人不再

㉓ *DBWE* 4：288.

作为真正的人而活着。他们必须在无法生活的情况下生活。这就是我们的人生悖论,以及我们一切困境的源头"。㉔但随即他谈到一个令人欣喜的信息:"上帝差遣了他的独生儿子来到地上——这是唯一的补救方法。"㉕基督来了。不过,朋霍费尔指出,基督是以与在乐园的荣耀里受造的亚当极为不同的形象而来的:

> 这个形象,是亲自进入了罪和死的世界的形象:他承担了人肉体上的一切缺乏,谦卑地把自己置于上帝对罪人的怒气与审判之下,在患难和死亡里坚定顺服上帝的旨意;他出身贫寒,与税吏和罪人为友并同席就餐,在十字架上被上帝和人类弃绝。这就是成为人的样式的上帝,也是拥有全新上帝形象的人。㉖

简言之,基督就是被钉死的生命的样式,是我们蒙召应当活出来的生命。朋霍费尔引用了《加拉太书》2:20 的经文:"现在活着的不再是我,乃是基督在我里面活着。"紧接着又说:"这位道成肉身、被钉在十字架上并且复活得荣耀的主,已进入我的生命,掌管我的人生。"㉗因此,作基督门徒就要带着基督的形象,走他所走过的道

㉔ *DBWE* 4:282.

㉕ *DBWE* 4:283.

㉖ *DBWE* 4:284.

㉗ *DBWE* 4:287.

路,照他所服侍的去服侍,照他所爱的去爱,照他所饶恕的去饶恕。㉘
我们在基督里死了,也在跟随基督、效法基督时得着生命。㉙ 因着
罪,我们是已死的;而如今,因着基督,我们活着。

　　这样作门徒,这样过基督徒生活,源于神学以及神学思考——
不仅思考第一位拥有上帝形象的亚当,也思考上帝形象末后一位且
是终极意义上的拥有者,就是基督。通过围绕"拥有形象"构建神
学,朋霍费尔直接且完全准确地将神学连于生命,将神学连于作基
督门徒,将神学连于过基督徒生活。在神学与基督徒生活之间没有
对立之处。相反,朋霍费尔教导我们,并以他自己的生命做出示范:
神学和基督徒生活必须相辅相成。

㉘ *DBWE* 4:287.

㉙ *DBWE* 4:287 - 288.

第四部分

生活

如果想要拥有基督，我们必须承认，他对我们的整个人生提出了关键要求。不是只在自己的属灵生命里给基督腾出一席之地，而是让我们的生命单单朝向基督，我们才能认识他……对基督的信仰，不是饭后的花边新闻；它就是饮食本身，否则它就什么都不是。

——迪特里希·朋霍费尔，

讲座，"耶稣基督与基督教的本质"

巴塞罗那，1928 年

第七章　入世

> 基督徒对复活的盼望与神话的盼望不同,前者会以全新的方式把人带回到世俗生活中……跟救赎神话的信徒不一样,基督徒绝无可能从地上的任务和困苦中逃离……反而,正像喊出"我的上帝,为什么离弃我?"的基督那样,他必须饮尽这地上的杯,而且唯有如此行,他才是与被钉死且复活的主同行,与基督同死、同复活。此世绝不能被仓促地一笔勾销。
>
> ——迪特里希·朋霍费尔,
> 写于泰格尔监狱,1944 年

回想过去我接受的关于基督徒生活的教导,我从来没有听过对"世俗"(worldliness)这个词的正面评价。相反,世俗往往与致命的剧毒同列。我能想到的世俗的形象就是一个巨大的"恶心先生"(Mr. Yuk)*的标签。

而迪特里希·朋霍费尔却主张:要作入世的门徒(worldly discipleship)。这实在令人费解! 或许就朋霍费尔而言,再没有什么比他的"非宗教的基督教"与"入世的门徒"这两个短语听着更异

---

* 一个丑陋的脸型商标图像,由美国匹兹堡儿童医院(Children's Hospital of Pittsburgh)创建,在美国广泛应用于标记避免儿童可能摄入的有毒物质。——编者注

类或面临更多质疑了。依照《约翰壹书》及圣经其他相关内容,世俗是基督徒要面对的三大敌人之一,是与肉体、撒但联手的同伙。保罗更是斩钉截铁地指出,"不要效法这个世界"(罗 12:2)。要不惜一切代价避免落入世俗。那么,朋霍费尔提出要进入世俗生活,该如何理解呢? 下面我们就来看看他这样说是什么意思。

修士与文化新教徒

根据《约翰福音》第 17 章的记载,在被钉十字架前与门徒同在的最后时刻里,基督不求天父叫门徒离开世界(约 17:15)。基督的祷告直接指明,他的跟随者要留在世上。事实上,基督已经"差他们到世上"(约 17:18)。然而,基督也声明,他的门徒"不属世界"(约 17:16)。由此,作为基督的门徒,我们与世界的关系可以概述为:**入世而不属世**(in the world, but not of the world)。尽管这个短语简单明了,字面意思足够清晰,但是,要把它活出来,并且明白在特定的情形与处境下如何践行,就需要另当别论。

20 世纪时,H. 理查德・尼布尔(H. Richard Niebuhr)曾指出,入世而不属世的挑战是一个"旷日持久的难题"。他的经典著作《基督与文化》(Christ and Culture)就是为了回应这个问题。① 通过探索基督教史上各种相关的应对方案,尼布尔给出了这个问题的部分解答。数个世纪以来,基督徒一直分布于"入世而不属世"这个"范

---

① H. Richard Niebuhr, *Christ and Culture* (New York: Harper & Row, 1956).

围"的各个位置。不足为奇的是,各种各样的运动以及信徒个体,都只是擅长其中的一个方面。也就是说,我们极少能同时把握好入世而不属世两方面的平衡。我们更擅长要么处在这一极端,要么处在那一极端。

朋霍费尔把所有的立场归纳为两大类:修士(强调"不属世")和文化新教徒(强调"入世")。② 他自己的国家德国在这两种类型上都拥有丰富传统。路德曾以讽刺的口吻说:"上帝把他的教会放进世界里面,让其遇到不计其数的外部事件与需求,不是为了使基督徒都变成修士,而是让基督徒活在社群中,使我们的工作和信仰实践有机会在人群中被认知。"③路德曾是一位修士,但他却喜欢批评修道制度。在他看来,修道院使基督徒背离了他们在世上作光作盐的呼召,更不用说他认为修士独身的做法缺乏圣经依据。

到了朋霍费尔的年代,钟摆走向另一个极端。在他那时候,教会里充满了文化新教徒,他们失去了作盐的显著特性,也不再如明光照耀他们的世代。针对钟摆的这两个极端——修道主义的立场和各种各样文化新教徒的立场——朋霍费尔大声疾呼,教会需要造就真正入世的门徒和愿付代价的门徒。这里,恕我冒昧地说,要了

---

② *DBWE* 6:57.

③ Martin Luther, "Table Talk, No. 3993," August 31, 1538, in *Luther's Works*, vol. 54, *Table Talk*, ed. and trans. Theodore G. Tappert (Philadelphia: Fortress, 1967),307.

解朋霍费尔的门徒观,最好是从"作基督导向的门徒"这一概念开始。这一表述并非一个刻意造作的神学行话。*Christotelic*(基督导向)源自两个单词:*Christ*(基督)和希腊语单词 *telos*,后者的意思是终点、目的或计划。这个词可以帮助我们理解朋霍费尔对作门徒的真正本质的透彻认识。它的基本意思是,我们要**向着基督**而活。这是以基督为中心的生活——以基督为目标,就像专业弓箭手瞄准靶心那样。本章和接下来两章都将着重于"作基督导向的门徒"这一表述。

针对修道主义和文化新教主义以外的这一选项,朋霍费尔在《作门徒的代价》和《伦理学》这两本著作,以及大量的狱中书信和短篇文章中都有相关论述。在《伦理学》中他的论述可能最为直接。

《伦理学》是一部未完成的作品,朋霍费尔离世后于 1949 年在德国出版,最早的英文译本出现于 1955 年。从 1941 年直到 1943 年,朋霍费尔断断续续创作这本书。尽管被捕入狱,他仍竭力完成了此书的大部分内容。从他在狱中写给贝特格的一封信里能读出他的伤感:"我有时感觉似乎自己的生命时日无多,似乎我现在活着就是为了完成《伦理学》这本书。"④然而,最后他未能如愿写完。身陷囹圄,以及 20 世纪 40 年代发生的一系列事件,都阻碍了这本书的最终完成。尽管书稿未能封笔,研究朋霍费尔的学者们仍认定《伦理学》是一本巨著,是他的一部杰作。朋霍费尔自己也认为这是他

---

④ 朋霍费尔写给埃博哈德·贝特格的信,1943 年 12 月 15 日,*LPP*,163。

最为重要的著作。⑤

　　《伦理学》以朋霍费尔之前的作品——特别是《作门徒的代价》（1937 年出版），以及关于基督徒团契的两本书《圣徒相通》（1927 年完稿，1930 年出版）和《团契生活》（1939 年出版）——为基础。朋霍费尔想必是一个有趣的囚犯。在给狱审官罗德博士（Dr. Roeder）的信里，为了反驳对他参与密谋的"指控"，他解释了自己在所谓密谋时期的旅行和活动。他提到了自己这本《伦理学》，并解释说他之前在教会的工作主要是致力于神学研究，但在目前这项创作里，他的关注焦点是"具体的福音伦理"（a concrete evangelical ethics）。这是朋霍费尔的自我辩护——自己忙于《伦理学》的创作而无暇参与密谋。

　　当朋霍费尔说到"**福音伦理**"，他针对的是路德宗教会（德文为 *Evangelische Kirche*）。我们如何作为基督徒、作为教会在此世生存——这是《伦理学》的核心内容。朋霍费尔称这种生活是"负责任的生活"。⑥

　　在探讨朋霍费尔"负责任的生活"与"作基督导向的门徒"的思想概略之前，我们需要先了解一下相关背景，即从 1932 年到 1944 年下半年，他的作品和最后思想的表达是在怎样的处境中。这会帮助

132

---

⑤　朋霍费尔 1941 年 6 月写给军事审判官罗德博士的信，*LPP*，57。

⑥　参见 Clifford J. Green，"Editor's Introduction，" *DBWE* 6：1 - 44，能够看到对《伦理学》的写作及其在朋霍费尔思想中角色的完整讨论。另参 Robin W. Lovin 对此书的评论，"Ethics for This World，" *The Christian Century*（April 19，2005）：26 - 31。

我们发现,对于思考并活出神学和基督徒生命来说,处境(或文化)起到怎样的作用。

流氓和圣徒——一览无余

我们是在具体的处境中——并非在抽象中或在真空里——过基督徒生活。这实乃自明之理,迪特里希·朋霍费尔对此了然于心。在《伦理学》一开始他就讲到,仅仅抽象和理论地探讨伦理学太过奢侈,我们已基本上负担不起。紧急的形势让我们根本无法只谈理论。朋霍费尔这么描述:"今天,在众目睽睽之下,我们中间流氓和圣徒再次涌现。酷热的雨天里,厚厚的阴霾沉积,雷暴中不断裂炸出眩目的闪电。这幅场景正在棱角分明地展现出来。现实是赤裸裸的。莎士比亚剧中的人物就在你我中间。"⑦

朋霍费尔在他的莎士比亚世界里写作、生活,唯一不同的是他的世界里还有空袭。这就是朋霍费尔的处境。你可以从他的书中,从他生命差不多十年的最后时间里,感受到他处境中的痛楚。

我们也生活在一种文化里,虽然与朋霍费尔的处境不同。可是有太多时候,我们却像是独立于文化与环境的跌宕起伏之外在过基督徒生活。朋霍费尔曾为此忧心忡忡:有太多的牧师和哲学家只把伦理视为纯粹的理论。他无法容忍将伦理问题与具体实践分开。有时我们在作基督门徒方面也有这种分离的态度。我们喜欢抽象

---

⑦ *DBWE* 6:76.

地畅谈，而实际上——不论认识到与否——我们十分具体地活着。因此，我们需要一种切实的方法，使得我们在基督徒生活中对自己的处境有充分、透彻的觉察，并全面参与其中。朋霍费尔描述这种参与的独特用语是**入世**（worldliness）。他呼吁一种真正入世的门徒身份，甚至将纯正的基督教描述为"全方位地入世"。⑧

对于朋霍费尔而言，无所牵绊地"入世"是过基督徒生活的唯一方式。他这样说到底是什么意思呢？这样的基督徒生活进路如何能帮助我们呢？

我们在前几章了解到，我们如何**在基督里**和**在团契里**过基督徒生活。这里我们来探讨如何**在文化中**过基督徒生活。我们生活在一个现成、天然的环境之下，而不是生活在抽象理念和理论的凉爽密室内。我们是在这个世上活着——甚至基督在《约翰福音》第17章也如此对我们说。我们首先需要搞清楚我们在哪里。

作基督门徒或过基督徒生活，主要的问题就是理解"入世而不属世"意味着什么，对此前面已有讨论。我想补充一点，说到在世界生活的时候，我们需要记住**我们所生存的**特定时空。我们是在各自的特定处境里活着。有时候我们容易对远方的那些已逝的时光执迷不放，黯然神伤。

我自己成长于美国和苏联僵持对峙、也就是臭名昭著的冷战时期。20世纪70年代末80年代初，就在冷战接近结束以及苏联开放

---

⑧ *DBWE* 6：401.

(Glasnost)之前,我听说了许多在铁幕背后基督徒遭受逼迫并且被捕入狱的动人心魄的事迹。当时作为一个年轻的基督徒,我清楚记得,跟这些在基督里的弟兄姐妹的见证相比,我感到何等亏欠,觉得自己是一个比他们差太多的基督徒。那时我并未认识到,我是蒙召成为自己当前处境中的门徒,而不是其他人处境中的门徒,而且,我自己所面对的环境有其特有的挑战和机会,我的呼召正是在此忠贞不渝。

希望自己另处他境,这不能带来任何益处。鉴于此,把我们的生活与朋霍费尔的生活进行比较也不会有什么收获。但是,从他所学习到的**要在上帝呼召我们生活、工作和服侍的地方活出基督徒呼召的重要性**,使我们受益匪浅。我们不只是在世上作门徒,更是在上帝将我们放置其中的这片特定的方寸时空里作门徒。

这是基督徒生活的关键内容,因为它刚好跟知足相关联。我们常会觉得别人的生活更容易,或者我们会以为如果自己的状况变成这样或那样,我们**就**能真正地开始活出基督徒的生命。的确,有时候我们需要对现状发起挑战,不能因为"情况就是那样"而轻易接受;但从另一方面讲,我们也需要在上帝为我们设定的环境中保持忠心。如果有谁可以托词卸责,那么这个人非朋霍费尔莫属。他被因于牢房,被迫与未婚妻分开,跟家人朋友失联,自己的事业也在三十七岁正值学术生涯和人生成就如日中天之时被强行中止。朋霍费尔委实可以拿出各种托词,而他却没有那么做。

不仅如此,从他的狱中作品里我们还可以看出,正是在当时那种处境下,朋霍费尔学会了知足与忠心。他写信给他亲爱的朋友埃博哈德说:"你万不可怀疑,在这条被上帝带领的征途上,我的人生充满了感恩和喜乐。""我的人生满溢着上帝的恩慈,我的罪已被基督十字架上的赦罪之爱涂抹遮盖。"⑨那么,在上帝呼召我们作门徒的地方,我们如何能拥有这样的知足呢?

两个世界的冲突

要回答这个问题,我们首先要回到基督徒面对"入世"和"不属世"的张力时所采取的立场。要知道,我们不可能在二选一(或入世,或不属世)的同时,还能忠于基督对我们生命的呼召。我们必须是二者兼具。让我们先对二选一的强烈吸引力做些探究。明白在哪里出错,有助于帮助我们知道在哪里能够做对。

关于基督徒应当怎样在世上生活,一直有很多困扰。信徒对基督"入世而不属世"的呼召的回应常出差错,并不仅仅只限于中世纪(对应朋霍费尔所说的"修士")或现代主义初期(对应朋霍费尔所说的"文化新教徒")。在我们自己回应基督门徒的这一基本呼召时,也同样会出现很多错误。我们在作门徒时不乏磕磕绊绊;在自己的基督徒生活中也常常失脚;在人际关系、婚姻关系、教养孩子和基督教团契生活方面,也从不是一帆风顺。很多时候我们跌倒,是由于我们对这个世界的认识有误,就像戴错了眼镜还在危机四伏的道上

⑨ 朋霍费尔写给埃博哈德・贝特格的信,1944 年 8 月 23 日,*LPP*,393。

赶路。

135　修士只看见了世界的危险——世界充满了诱惑。在他们看来，我们就像约翰·班扬（John Bunyan）笔下的"基督徒"，陷入了名利场。我们必须闭明塞聪严加防御，并且要抛弃一切而逃生。在修道院里生活，远比被诱惑掳走要好；使自己与世隔绝，远比冒险陷入罪中要好。这种观点背后是消极的文化观在作祟——当然也有其他因素的影响。换个方式来表达，这种一门心思躲避世界的基督徒生活方式，不仅与世界的消极面誓不两立，也与世界本身格格不入。它强调一种从文化中抽离的立场，退出文化的影响圈，拒绝在文化中有所参与。于是，他们躲进修道院里。

圣经本身带给我们的是一个更为复杂的世界观。它积极地谈论这个世界——《诗篇》里多处都有呈现——而并非只是颓废地对待。正如圣诗作者马特比·巴布科克（Maltbie Babcock）所说："这是天父世界"。雅各在严厉警告要远离试探后紧接着指出，各样美善的恩赐都是从上头来的（雅 1:17）。保罗称颂上帝创造的美好事物，责备那些提倡苦修主义、禁止嫁娶、禁戒食物的做法（提前 4:1—3）。相反，保罗大发赞叹："凡上帝所造的物都是好的，若感谢着领受，就没有一样可弃的，都因上帝的道和人的祈求成为圣洁了。"（提前 4:4—5）[10]这样的世界观和文化观，应当被视为对消极世界观以及

---

[10]　一些评论家认为这句"因上帝的道成为圣洁"是指向最初的创造，特别是指创世之初地上万物在神圣命令与话语中的受造。这意味着美善内在于上帝的创造中，源于上帝自己和他的创造大工。

与其关联的不健康的遁世行为的纠正。

那么,非此即彼中的另一对立情形"属世"的体现又是怎样的呢? 这就是朋霍费尔所说的与修道士完全对立的"文化新教徒"的情形。这种情形漠视《约翰壹书》中"不要爱世界"的警告。简单来讲,这种立场淡化人的堕落,对罪漫不经心,对基督教导信徒不要属世界的训诫不以为然。朋霍费尔称其为廉价恩典。他在《作门徒的代价》开篇写道:"基督教信仰的表达和教会与日俱增的世俗化,导致了对重价恩典的认识正逐渐失丧。"⑪大约十年后在给贝特格的信里他提到"开明人士、忙忙碌碌者、安逸自得者或好色之徒的陈腐今世主义(this-worldliness)"。⑫ 朋霍费尔的这个清单,并非针对普通信徒或教会外人士,而是针对教会,针对牧师和神学家。"开明人士、忙忙碌碌者、安逸自得者或好色之徒",他们太过于随从己欲地活在世界上,他们对上帝的圣言太过等闲视之。

这里朋霍费尔想到的是那种迎合文化的基督教,这种信仰对信徒不做要求。就像圣经里讲到的青年财主,他们认为跟耶稣正式碰个面足矣,接下来他就可以继续走自己的道路、依自己的喜好而活(太 19:16—30)。朋霍费尔指出,青年财主是那些寻求心灵慰藉者的贴切代表,这些人"用宽待宽容自己来获得自我安慰";他们陷入了一种"自我纠缠"之中。⑬ 其结果是,跟青年财主的做法一样,这些

---

⑪ *DBWE* 4:46.

⑫ 朋霍费尔写给埃博哈德·贝特格的信,1944 年 7 月 21 日,*LPP*,369。

⑬ *DBWE* 4:69.

人指望着从一位良善的老师那里寻求建议和指导。他们寻求的并不是——像基督给那位具有代表性的青年财主的——"一份具有至高权威的神圣命令",⑭他们所需要的是从心灵大师那里为自己求得"一份安心"。

前面第三章讨论的朋霍费尔的小说《礼拜天》里描述的都是类似的人物,他们给主人公布雷克夫人带去无尽的烦扰。朋霍费尔自己几乎不会在这些迎合文化的教会人士身上花任何时间,他直接称他们是"宗教人",他们信从的不过是一位毫无要求的安全妥帖的上帝。今天,神学家克里斯汀·史密斯(Christian Smith)将这种信仰命名为"道德疗法式的自然神论"(Moralistic Therapeutic Deism)。⑮

做文化基督徒的吸引力在于它让人得到安慰,但至终那是一种虚假的安慰。路德借鉴先知之言在他的《九十五条论纲》第九十二条中指出:"远离那些假先知,他们对基督的子民呼喊'平安了,平安了',其实那里并没有平安!"⑯为了回应这两种试探——像修士一样退隐或倡导变通的新教徒——我们需要退一步,采用一个完全不同的视角来认识这个世界。关于这个世界以及我们在世上的生活,朋霍费尔先做了彻底的厘清,然后发出警戒。不过,在我们退一步以

⑭ *DBWE* 4:70.

⑮ 参见 Christian Smith and Melinda Lundquist Denton, *Soul Searching: The Religious and Spiritual Lives of American Teenagers* (New York: Oxford University Press, 2005)。

⑯ Martin Luther, *Martin Luther's Ninety-Five Theses*, ed. Stephen J. Nichols (Philipsburg, NJ: P&R, 2002),47. 经文引自《耶利米书》6:14,8:11,以及《以西结书》13:10,13:16。

期看得更清楚明白之前，我们需要就他对德国新教的批评做更深入的审视。这些批评最终促使他提出一个"非宗教的基督教"。

"非宗教的基督教"

我们已经了解到，在朋霍费尔使用的短语中，也许没有任何一个像"非宗教的基督教"那样惊世骇俗。在所有神学派别中，从卡尔·巴特到美国保守派神学家，都对这个用语提出过异议。因此，它也值得我们关注。

贝特格对此有过大幅论述，他一开始就指出，这个词并不是朋霍费尔在泰格尔监狱时才开始使用的，而是可以追溯到他更早期的作品。早在柏林大学授课时，朋霍费尔就开始使用**宗教**（religion）一词来指代启蒙运动中试图取代信仰（faith）的努力。朋霍费尔曾对英国自然神论者（deist，包括约翰·洛克[John Lock]，尽管没有直呼其名）痛下针砭，指出："在哥白尼（Copernicus）之后的世界，由于英国自然神论的影响，**宗教**（*religio*）一词取代了'信仰'。"[17]他进一步说明，这标志着背弃强调信心的宗教改革。这是理解朋霍费尔的"非宗教的基督教"的起点。正如贝特格所总结的，"将信仰与宗教进行完全对立的区分，是出于他自己的基本体验。"[18]

---

[17] Bonhoeffer, "The History of Twentieth-Century Systematic Theology," *DBWE* 11: 209.

[18] Eberhard Bethge, *Dietrich Bonhoeffer: A Biography*, enl. ed. (Minneapolis: Fortress, 2000), 872.

宗教改革强调上帝从高处俯就我们,而对宗教改革的背弃,则引发了一场强调人类如今能向上寻见上帝的"哥白尼革命"(Copernican revolution)。这最终导致了 19 世纪德国宗教历史学派(history of religions school/*Religionsgeschichtliche Schule*)的出现。长话短说,历经几代发展之后,德国路德宗教会已从它持守的真道上彻底迷失。朋霍费尔在这个官方的国家教会里看不到希望。在**宗教**里,他看不到希望。在泰格尔监狱,朋霍费尔提出,为了拥有忠于上帝圣言和基督的真教会,应当放弃这个国家教会,他认为他们只是**宗教**。信仰意味着上帝俯就我们。宗教意味着人向上寻见上帝。朋霍费尔要的是信仰,他对宗教没有兴趣。

对朋霍费尔的这一观点,贝特格展开论述。他写道:"'宗教'一词在这里指人的努力,人们试图达到超越,假设出来一种神明,并呼求其帮助和护佑。简而言之:宗教,就是自我称义(self-justification)。"⑲宗教丝毫不能引起朋霍费尔的兴致。

回看朋霍费尔在柏林的讲座,我们会发现其中提示了信仰向宗教的偏离。设想二者就像两列多米诺骨牌。第一张多米诺骨牌(这张牌要么是信仰,要么是宗教)倒下后,跟着的是如何看待圣经,如何看待基督,如何看待福音,如何看待上帝的国度,以及如何看待伦理和门徒的身份。如果第一张骨牌是宗教,就会使你认为:圣经不过是一本平常人写的书,基督不过是一个人、一个杰出的榜样,福音

---

⑲ Ibid.

里没有称义,上帝的国度仅仅适用于社会改良,以及门徒的身份不过是用来满足自我和实现自我。现在我们可以理解,为什么这种教会、这种基督教赝品对朋霍费尔毫无吸引力。这种神学上重大又可悲的失丧,也说明了德国路德宗教会(the *Reichskirche*)为什么对希特勒毫无抵抗,在希特勒面前毫无作为。

然而如果第一张骨牌是信仰,则会看到完全不同的结果。当我们以信心(faith)为起点,我们将认识到,圣经是上帝启示给我们的话语。接着,我们知道基督既是上帝又是人,站在我们的位置上,代替我们而死。随之,我们知道福音必然意味着被称为义,在此显明我们在救恩下是完全被动的。然后,我们看到上帝的国度是对咒诅的翻转和对平安(*shalom*)的重建。最后,我们接受,作门徒就是跟随耶稣,一生学习与耶稣同受患难,并经历他复活的大能。朋霍费尔的每一天都是在拥抱信仰,弃绝宗教。

贝特格轻描淡写地说:“最后朋霍费尔到达了一个地步,他对教会严加批评。”⑳埃里克·梅塔萨斯也跟着说:“这种‘宗教’的基督教已经在这个大危机的时代辜负了德国和西方世界,朋霍费尔因而觉得耶稣基督的统治权(lordship)应该跨过主日上午和教会进入整个世界。”㉑宗教太狭隘,太有限,结果就是徒劳无益。于是朋霍费尔决定另觅出路。他转回到信仰(faith)里面寻找答案,而信仰将他带回

⑳ Ibid., 887.
㉑ Eric Metaxas, *Bonhoeffer*: *Pastor*, *Martyr*, *Prophet*, *Spy*（Nashville：Thomas Nelson, 2010),467.

到"以基督为中心",也就是我们所说的,基督导向(christotelic)的基督教。㉒

在柏林的讲义里,指出教会从信仰向宗教偏离之后,他紧接着聚焦于基督和基督的工作,强调称义和外来的义。这义源自十字架,并且从十字架临到了我们。㉓ 然而许多西方新教将这种教导拒之门外,他们的心里塞满了自义。于是,就有了朋霍费尔的批判,并且提议应当走一条完全不同的道路。

在泰格尔监狱,朋霍费尔继续深入发展他的"非宗教的基督教"思想,尽管后来没有机会完成全部内容。在给贝特格的信中,朋霍费尔解释说:"有一个令我备受困扰的问题,'对今天的我们而言,基督教究竟是什么,或者,基督到底是谁?'"㉔宗教语言无法回答这个问题,或者说它不足以充分回答这个问题。为了找到答案,朋霍费尔转向基督,并且看到了一位受苦的上帝、软弱的上帝。在第二章我们已经讨论过这个主题。朋霍费尔看到,这个世界,至少是西方世界,已届成年,已抛弃上帝。随后他看到这个世界陷入了第二次世界大战。他在牢房里不住地思忖,自己和教会当如何再度向世界发出声音。朋霍费尔深信,伪善的作答和宗教仪式这时候都已毫无用处。在另一封给贝特格的信里,他讲到自己正"基于

㉒ 有趣的是,贝特格披露,朋霍费尔的基督论太过深奥,远超巴特所能消化的,这也是为什么巴特并不觉得探究朋霍费尔"非宗教的基督教"的提议有什么帮助。参见 Bethge, *Dietrich Bonhoeffer*,888-890。

㉓ Ibid.,236-239.

㉔ 朋霍费尔写给埃博哈德·贝特格的信,1944 年 4 月 30 日,*DBWE* 8:362。

《约翰福音》1：14"，对悔改、信心、称义、重生和成圣这一系列概念展开研思。㉕ 他反复思考，教会怎样因着不再定睛于基督而迷失了自己的道路。他也在思考如何能帮助教会找到回来的路。如果朋霍费尔提出的是"充满基督的基督教"（Christ-full Christianity）而不是"非宗教的基督教"，也许就不会引起如此轩然大波。然而一旦你明白这个观点的含义，你就会知道，他所说的是多么无可置疑。㉖

一个实在（The One Reality）

朋霍费尔的充满基督的视角，不仅有助于我们理解教会的角色，也有助于我们认识自己当怎样活在此世。朋霍费尔穿透这些标签的表层，甚至穿透修士或文化新教徒行为的表层，在问题的根部和源头辨识这些错误世界观的本质。在《伦理学》较前部分标题为"基督、实在和良善"（Christ，Reality and Good）一章中他讲到对实在的错误认知，是在"现实世界"（real world）即物质或自然领域，与属灵或属天领域之间，嵌入了一个尖锐的楔子。他把责任归咎于中世纪的思想家，他论证说："整个中世纪的历史，就是围绕着这个主

㉕ 朋霍费尔写给埃博哈德·贝特格的信，1944 年 5 月 5 日，*DBWE* 8：373。

㉖ 研究朋霍费尔的学者克里斯汀·格莱梅斯（Christian Gremmels）对朋霍费尔"非宗教的基督教"的观点给出了自己的结论："总之，朋霍费尔的主题并**不在于**现代世界是'成年的''此世的'和'非宗教的'。作为似非而是的和令人印象深刻的表达用语，它们在神学上只能作为辅助的概念。而这些用语在今天可以对为耶稣基督作见证大有帮助"，"Editor's Afterword to the German Edition," *DBWE* 8：588。

题,即灵性领域高于世俗领域,恩典国度(*regnum gratiae*)高于自然国度(*regnum naturae*)。"㉗当然,现代性的诞生带来了命运的逆转。自然领域日益将灵性领域挤到了边缘。现实世界就这样一点一点地扩张着它的势力空间,而灵性世界则被一点一点地驱除。朋霍费尔如此描述:"现代的特征就是,世俗世界日益摆脱灵性世界的束缚而独立自主。"㉘有神论在让位给自然主义(naturalism)的同时,也让位给了自然神论(deism)。

朋霍费尔并非主张回到中世纪的路上。其实,他看到灵性世界与自然世界之争是症结所在。要么我们作修士,以放弃这个世界**为代价**,彻底地全神贯注于灵性;要么我们变成文化新教徒,以无视基督**为代价**,完全沉浸在自然世界之中。或者,我们还有第三个选项:"试图同时站在两个领域之内",并在此过程中成为"身处永恒冲突的人"。㉙

活在现实世界里

然而,这三个选项都不能令朋霍费尔满意。于是他回到问题的根源,就是对两个领域——灵性和自然这两个实在——的区分。他

㉗ *DBWE* 6:57. *Regnum gratiae* 意为恩典的掌权或恩典的领域(灵性的领域),而 *regnum naturae* 意为自然的掌权或自然领域。《伦理学》的编辑解释说,朋霍费尔有意使用"一种空间成分"(a spatial component)的表达形式来描述处于一个地方。而我们可以认为,这种表达不仅指代两个不同的地方,也指两种不同的世界观。

㉘ *DBWE* 6:57.

㉙ *DBWE* 6:58.

指出："没有两个实在，**只有一个实在**（only one reality），即上帝的实在，在世界的现实中借基督启示出来。"[30]像很多德国思想家一样，朋霍费尔为了表达他的观点，也用几个词组合出了一个德语复合词：*Christuswirklichkeit*，意思是：一个**基督-实在**（Christ-reality）的领域。[31] 它要求我们用一个完全不同于惯常使用的视角来看这个世界。这固然不能解决活出"入世而不属世"之生命遇到的一切问题，但却是思考如何应对的良好起步。

我们给这个现代世界、给朋霍费尔所论的"文化新教徒"的答案，不应该是"为基督留出空间"；给朋霍费尔所论的修士的答案，也不应该是"为世界留出空间"。恰恰相反，他们所需要的，都是一个彻底不同于以往的视角，一个独一基督-实在之下的统一视角。我们也同样需要在这一视角下明白作为基督的门徒，基督对我们的生命有怎样的要求；明白我们生活里的每个方面将怎样被用来造就我们基督门徒的身份。

二十二岁的朋霍费尔在巴塞罗那的一次讲座中阐述了这个观点，讲座题目是"耶稣基督和基督教的本质"。朋霍费尔在讲座中论及批判性学术研究的传统——把历史上的耶稣与信仰中的耶稣加以区分，即所谓的"探寻历史上的耶稣"。为了显明自己与之泾渭有别，朋霍费尔强调："我们要允许新约真正发声，因为我们是听众，应

---

[30] *DBWE* 6:58，粗体为朋霍费尔所加。

[31] *DBWE* 6:58.

当聆听圣经以其全然的权能宣讲的真理。"㉜这要求我们降服于上帝告诉我们的圣言,而不是进行所谓的"探寻",让上帝的圣言服从我们。我们必须以降服于上帝圣言的方式去聆听。正如朋霍费尔所讲的:"如果想要拥有[基督],我们必须承认,他对我们的整个人生提出了关键要求。不是只在自己的属灵生命里给基督腾出一席之地,而是让我们的生命单单朝向基督,我们才能认识他……对基督的信仰,不是饭后的花边新闻;它就是饭食本身。否则它就什么都不是。"㉝

这是朋霍费尔倡导的"入世"的核心内容。他不是使"现实世界"与"灵性世界"互相对立、彼此冲突;相反,他呼召我们要彻底活在此世,这是上帝的世界,我们要在文化处境中作上帝的门徒。

文化这个词随处可见,以至于我们常常对它漫不经心。两种极端情形——要么从世界退隐,要么顺应世界——都是深受贫乏的文化观之害。退隐的做法,几乎不接纳创造神学,不仅缺乏对世界起源的认识,也看不到这个世界乃是上帝工作的场所,是彰显上帝良善的场所。对于后面这一点,神学家有时称之为**普遍恩典**(common grace)。另一方面,那些情愿对文化照单全收的人,也没有区分文化中的善与恶。用朋霍费尔的话说就是,他们忽视了世界"已堕落且

㉜ Bonhoeffer, "Jesus Christ and the Essence of Christianity," December 11, 1928, *DBWE* 10:346.

㉝ Ibid., 342.

仍在不断堕落"(fallen-falling)的本性。㉞ 这两种做法的问题都在于缺乏对文化的清晰思考。

朋霍费尔的观点使这一讨论趋于清晰。首先,他将创造与自然——或曰受造界(the creaturely)与自然界(the natural)——区分开来。㉟ 受造界是指堕落前的世界,自然界是指堕落后的世界。接着,他将自然界与非自然界(the unnatural)进行区分。生活在自然界中的人理解堕落,甚至"接受"它就是人类犯罪后新的现实。自然界也渴望救赎,渴望与上帝和好,渴望最终在新天新地被重新创造。非自然界最终来讲是一个虚假的世界,在其中居住的是那些幼稚地假装没有上帝的人。结果,他们不切实际地活着,就好像从未有过堕落,不需要救赎,不需要与上帝和好,也不会有新天新地的到来。

论及这种看待世界的自然观时,在朋霍费尔的众多论述中有一个观点十分有趣,他说:"这种情境,为着对持续处于堕落世界约束之下的人类历史保持乐观,提供了良好理由。"㊱这应该是一种经过历练的乐观主义,一种神学上精明敏锐的乐观主义,如果你愿意如此表述的话。它也是一种希望的来源,这种希望激励我们为人类进步而对文化有所作为。而且我们不可忘记,朋霍费尔是在纳粹德国一间窄狭的牢房里写下了这句话。

对于朋霍费尔而言,这个世界确实是已堕落且仍在不断堕落

㉞ *DBWE* 3:120.

㉟ *DBWE* 6:173ff.

㊱ *DBWE* 6:177.

的。不这么理解世界、理解人类，就是愚昧。然而同时，这个世界也的确是被救赎的，基督确实已经来过，应许和诸约已经开始成就。基于朋霍费尔的洞见，我们可以补充说，这个世界是已被救赎且仍在不断被救赎的（redeemed-redeeming），即上帝已经开始了救赎的行动，而且正在推动这个世界走向完全和最终的救赎。

这种看待文化和门徒身份的进路，具有深刻的神学意义。朋霍费尔特别强调了三条教义：创造、称义、和好。他进一步看到了这些教义中的末世论维度，引导我们认识新天新地里的终极和好。这三条教义及其包含的所有教导，诠释了我们当怎样过"入世"生活。实际上，依照我们对朋霍费尔神学的了解，三条教义都源于一条教义：基督论。在基督里——在基督的道成肉身、尘世生活、受死和复活里——我们看到"入世"生活的真正样式。

就关于"入世却不属世"的所有困惑，朋霍费尔以他独有的、令人信服的方式做了厘清，给出了可靠的指导。他借助三方面的工作带来拨云见日的效果。首先，他帮助我们思考关于文化与世界的神学，也就是关注创造和堕落的事件，关注部分和好（"已然"［the already］），也关注完全和好（"未然"［the not yet］，或即将到来的新天新地）的神学。其次，他使我们将注意力投注于基督。最后，他注目于基督，发展出对伦理的定义。他注目于基督，并从基督那里寻求对真正的、成熟的入世观念的认识。他注目于基督，向我们示范当如何活出基督徒的生命。这就是为何我们可以认定，朋霍费尔的门徒观，就是作基督导向的门徒。我们要追随基督，而下面就是如何追随。

活出责任：四项托付

在朋霍费尔看来，这个"自然界"已经堕落且仍在不断堕落，已被救赎且仍在不断被救赎，这一文化背景就是我们的处境。为了切实认识这种上帝赋予（God-given）、基督驱动的（Christ-driven，即"基督导向的"）文化，朋霍费尔提出，文化是围绕四项托付（four mandates）来建构的。

在《伦理学》一书中，朋霍费尔指出："无论这个世界是否认识到，它都与基督存在着关系。并且，世界与基督的这一关系，透过明确的**上帝的托付**而变得具体。"㊲然后，朋霍费尔指出圣经提到的如下四项托付：

- 工作
- 婚姻
- 政府
- 教会

朋霍费尔解释："上帝在这个世界上命立工作、婚姻、政府和教会，而且上帝是借着基督、向着基督，且在基督里命立这一切，各从其用……因此，想从'世俗'领域隐退到'属灵'领域是毫无退路的。"㊳

㊲ *DBWE* 6：68，粗体为朋霍费尔所加。

㊳ *DBWE* 6：69.

工作

关于工作，朋霍费尔写道："我们从圣经里出现的第一个人那里就已经看到了工作的托付。"[39]它既是堕落前的托付，也是堕落后的托付。"最初，亚当必须汗流满面、辛苦劳作才能从地里得吃的，接着很快地，人类工作的范畴就从农业扩展到了经济类活动，再到科学、艺术等等(创 4:17 及以下)。"[40]他进一步指出，工作是"人类的协作创造行为"，而且，"人类共同创建一个拥有事物与价值的世界，其特定目的在于荣耀和服侍耶稣基督"。[41] "没有谁能够从这项托付里抽离。"[42]

这是一种宏大的、救赎性的工作观。朋霍费尔在狱中时，经常让外面的人给他送进来各种书籍，有时他会指定书名。他也经常在信件里与通信者讨论他正在读什么。有次，他跟朋友埃博哈德说："有一件很大的憾事，我竟然对自然科学如此无知，而这一缺憾至今无从弥补。"[43]朋霍费尔的阅读和写作涉猎广泛：音乐、社会学、教育和教育哲学，乃至心理学，均有涉及。他是从工作作为四项托付之一的角度来看待这些领域，以及在这些领域工作的人们所做出的贡献。对上帝所创造的世界、在世界上荣耀与侍奉上帝究竟意味着什

---

[39] *DBWE* 6:70.
[40] *DBWE* 6:70.
[41] *DBWE* 6:70.
[42] *DBWE* 6:71.
[43] 朋霍费尔写给埃博哈德·贝特格的信，1944 年 2 月 2 日，*LPP*，204。

么,他有着深远广博的洞见。1944 年埃博哈德生日之际,朋霍费尔
写了一首诗,题目是"朋友",其中这样写道,

> 工作使人成长,
>
> 使人的生活
>
> 有内涵,有意义。[44]

朋霍费尔明白在工作中蕴含的伟大价值。我觉得这也是人们发现
他如此独具魅力的原因之一。

那些在狱中认识朋霍费尔的人在分享见证时会提到他的纪律
性。朋霍费尔经常说起自己的工作,提及自己是跟上了计划还是有
所落后。这些工作主要是与思想和文字创作有关。但他也很重视
体力劳动。在给玛利亚的一封信中,他说明了工作如何具有救赎意
义。他说:"很多人认为工作的最大用处是它往往能够叫人的心灵
麻木。"[45]我自己也有不少这种无聊透顶的工作。但他反过来又说,
"就我个人而言,我认为真正重要的是,正当的工作促使人做到无私
忘我,使一个满脑子个人利益与顾虑的人,在服务他人时能够发展

---

[44] Bonhoeffer, "The Friend," August 28,1944, *DBWE* 8:528.

[45] 朋霍费尔写给玛利亚・冯・魏德迈的信,1944 年 8 月 13 日,载于 *Love Letters from Cell 92:The Correspondence between Dietrich Bonhoeffer and Maria von Wedemeyer, 1943–1945*, ed. Ruth-Alice von Bismarck and Ulrich Kabitz, trans. John Brownjohn (Nashville:Abingdon, 1995),260。

出无私的性情。"⑭这样的工作，作为一种培养无私的手段，就是在活出基督导向的门徒的样式。

婚姻与家庭

然后是第二项托付：婚姻与家庭。这项托付也始于亚当和夏娃，同样既是堕落前的托付，也是堕落后的托付。关于堕落后的困境，朋霍费尔写道："始祖亚当、夏娃的第一个儿子该隐出生时，已经距离乐园很久远了，而且该隐还杀死了自己的兄弟。从那时候起，黑暗的阴影就笼罩了这个世界的婚姻和家庭。"⑰尽管这黑暗的阴影在我们的上方盘桓，我们仍被呼召要在婚姻和家庭里借着基督、向着基督，并在基督里生活。朋霍费尔提醒，保罗称基督与教会的关系为婚姻关系（弗5∶1），而且，上帝也经常被称为我们的天父。⑱ 作基督导向的门徒是以家庭为起点的。

关于这一点我想到约翰·卫斯理的反面例子。在给卫斯理建造伦敦的住房时（他实际上很少去伦敦），他坚决要求在卧室旁边建一个私人密室作为他的祷告室。尽管他每天早上都会退到自己的祷告室里祷告几个小时，但同时他问题重重的婚姻关系却愈发恶化。⑲显然，这画面里有不和谐的元素。其实引用这个例子时我十分犹

---

⑭ Ibid.

⑰ *DBWE* 6∶71.

⑱ *DBWE* 6∶71.

⑲ 参见 Doreen Moore, *Good Christians, Good Husbands? Leaving a Legacy in Marriage and Ministry* (Ross-Shire, UK: Christian Focus, 2004)。

豫,因为我自己也有着这样那样的过失。卫斯理在许多方面都是服侍的榜样,他也被上帝大大使用。⑤ 不过,现实情形是,我们所有人在爱配偶和爱子女方面都可以做得更好,因为基督先爱了我们并为我们舍命,也因为上帝我们的天父深爱我们,将他各样美善的恩赐都给了我们。

政府

朋霍费尔提出的第三项托付是政府。鉴于他所处的时代背景,这方面他是在逆流而上。首先,他肯定政权是上帝赋予的;他指出,政府的设立是为了建立公正,并且"透过建立公正,借助刀剑的力量,政府为了耶稣基督的实在而维护这个世界"。⑤ 朋霍费尔在《伦理学》中关于这一点所讲的正是这些内容。如果我们回顾他写给狱审官的信就会发现,政治哲学写作或写一本关于社会伦理学本身的书,不是他的兴趣。他心目中的**城邦**(*polis*)＊是教会。这里,他不是要避难趋易或谨小慎微。他乃是在追求一种独特的"福音伦理学"(evangelical ethics)。但是,他的这种"福音伦理学",要求我们彻底回到这世界中。

在《伦理学》后面部分,朋霍费尔描述了教会对世界的义务。但是通常——朋霍费尔指出——我们容易先看世界的问题,然后转向

146

---

⑤ 参见 Fred Sanders, *Wesley on the Christian Life*: *The Heart Renewed in Love* (Wheaton, IL: Crossway, 2013)。

⑤ *DBWE* 6:72 - 73.

＊ Politics(政治)一词的词根。——译者注

上帝寻求答案。相反,他呼召我们先看上帝和他的圣言,然后再转向世界。这是"正确的起点"。[52] 他说:"教会带给世界的信息,不是别的,就是上帝对世界所说的话,那就是:耶稣基督和奉他名的拯救。"[53]他接着详细阐述说:"教会带给世界的信息,就是关于上帝成为肉身来到世上,关于上帝爱世人并将他的儿子赐给他们,关于上帝的审判要临到不信的人。"[54]我们会在下一章看到,朋霍费尔如何还认识到,教会要用实际行动向世界宣讲基督,而不仅仅是用话语。我们也会了解到,朋霍费尔自己作为公民投身于怎样的实际行动中。但此刻,先看一下他强调的重点:"教会-团契,必须要为他们的基督教信仰向这个世界作见证。"[55]

这个强调值得再多做解释。朋霍费尔在此不是排斥公民参与。不如说,他呼吁我们要有正确的重点与次序。我们向世界作见证,首先体现于教会为圣言作见证。我们是基于这个立场而投身于政治和社会伦理中。换句话说,世界最需要教会做的是它对圣言,也就是对福音所作的坚定不移的见证。这是一项刻不容缓的呼召和任务。但同时,世界也需要我们做优秀的公民。更直截了当地说就是,我们是世上的光与盐,首先是在我们宣讲福音时,其次是在我们活出并争取美德、权利与正义时。

㉜ *DBWE* 6:356.
㉝ *DBWE* 6:356.
㉞ *DBWE* 6:356.
㉟ *DBWE* 6:357.

教会

　　第四项托付把朋霍费尔带进教会。这项托付关乎"永恒的救赎",与前面三项紧密相关,同时也独立存在。朋霍费尔称教会的托付"深入"到了其他三项托付里。之所以强调教会的这个特性,因为朋霍费尔希望我们认识到:

> 人类,作为整体的众人,站立于上帝在基督里为他们预备的整个此世的及永恒的实在面前……教会必须向世界见证,所有其他委托不是要使人类分离或将他们撕裂,而是在上帝这位创造者、和解者和救赎者面前,将他们视为整体的人对待——这个实在虽有它一切的呈现形态,但归根结底只是在上帝(这位上帝道成肉身,就是耶稣基督)里面的一种实在。㊱

　　这就是朋霍费尔**基督里的生命**(*Christusleben*)的观点,即在基督里看待生命——全部的生命。㊲

　　朋霍费尔透过他的作品提供了很多洞见,帮助人们理解成为教会——或者他习惯使用的"教会-团契"——到底意味着什么。他在《伦理学》中的大量论述都带来很大帮助,比如他指出:"那些教会里

147

㊱ *DBWE* 6:73.
㊲ *DBWE* 6:58-61.

的人被赋予的第一要务，不是为了他们自己去实现什么，比如创建一个宗教组织或过一种敬虔的生活，而是向这个世界见证耶稣基督。"⁵⁸在《伦理学》后面的部分，他指出，这就是教会宣道的义务；我们应该看到"上帝的话语被一次次地陈明、宣告、传递、解释和传播。"⁵⁹这是朋霍费尔自己始终如一坚持做的，他也一直督促我们走出去，激励我们要有超越自我的视野，呼召我们进入传福音的服侍，并在众人面前活出基督的福音。

现在，我们可以来着重理解一下朋霍费尔呼吁过入世生活的深意。他的陈述掷地有声：

> 真正的基督徒不会生存于世界的现实之外，真正的入世也不能存在于耶稣基督的实在之外。没有任何地方可以供基督徒从世界退隐，无论是外在处境还是内在生活。每一次逃离世界的企图，都迟早会付出代价——就是在罪中臣服于这个世界。⁶⁰

朋霍费尔还用一个例子补充说："存在一种经验事实，就是纵然胜过了严重的性犯罪，类似贪心或贪欲等同样丑陋但没那么招人嫌

---

⑤⑧ *DBWE* 6：64.
⑤⑨ *DBWE* 6：396.
⑥⓪ *DBWE* 6：61.

的罪，仍旧会泛滥猖獗。"[51]这一点需要理解清楚，朋霍费尔并非允许我们以轻浮散漫的态度看待自己的门徒身份。相反，我们很容易轻率对待自己的门徒身份。仅仅避免在一些方面犯罪，不是作门徒。作门徒远非只是列出一个不犯罪清单和一个完成任务清单，然后照单而行。朋霍费尔希望我们认识到，**作门徒，是指在我们生活的所有方面——在工作中，在婚姻家庭里，在公民身份上，在教会团契中——都借着基督、向着基督，并在基督里，活出门徒的样式**。蹩脚的模仿是根本做不到的。

148

结论：遵守诫命，迈出必要的下一步

工作、婚姻、政府和教会这四项托付，就是我们的处境，在其中我们借着基督、向着基督，并在基督里活出我们的生命——一种彻底入世的生命。圣经的诫命为此提供了内容。然而，朋霍费尔更进一步。他看到，圣经里的所有诫命都是以一条具体的诫命为基础。他甚至宣告，十诫与登山宝训"并不是两种不同的伦理理想，而是一**个**顺服的呼召——顺服上帝、耶稣基督的父"。[52]他又进一步看到，基督对我们发出的爱上帝、爱邻舍的呼召，是一**条**诫命。然后，他甚至更进一步看到，这条诫命在基督里已得成全。这不仅仅体现为基督教导我们爱上帝、爱邻舍。基督的确爱上帝和他人。但更重要的是，

---

[51] *DBWE* 6:61-62.
[52] *DBWE* 6:359，粗体为朋霍费尔所加（事实上，编辑注意到，朋霍费尔是两次用下划线对句子中出现的"一"这个单词进行了强调）。

基督是爱。"**基督**是爱的唯一定义……爱一直就是耶稣基督自己。"⑥
这进一步揭示出朋霍费尔"基督导向的门徒"的整个轮廓。当我们
进入基督的世界,在文化里追随基督,我们就是在顺服基督。

　　每当人们谈及基督徒与文化,尤其在美国福音派当中,话题很
快就变成要对文化进行更新。凯旋主义者(triumphalist)的更新观
太过经常地占据了主导地位。这些观点倾向于把基督教与文化的
关系定义为"文化战争"(culture war),并且常以胜利或失败的用语
谈论。更常见的是,胜败总与政治手段和政治图谋相关联。朋霍费
尔提出了一个不同于凯旋主义(triumphalism)的模式,或许可以称
为十字架模式(cruciform model)。在这种模式下,我们更新文化是
借着活出关乎基督的真理并宣告基督的名。这里面蕴含一种极深刻
的谦卑,而在文化战士(culture‐warrior)阵营中这种谦卑常是缺失的。

　　朋霍费尔也对转化观提出了忠告。他提醒,我们蒙召不是要改
变世界,而是要迈出"必要的下一步"。他写道:

> 　　没有谁负有责任要把这世界转化成上帝的国度,责任
> 只是为了回应上帝在基督里降世为人而迈出必要的下一
> 步……这项工作,不是颠覆世界,乃是在给定的地点,从现
> 实的角度,去做客观上必要的事,并真正把它完成……这
> 需要一步一步地推进,需要寻求都有哪些可能,并把最后

149

---

⑥ *DBWE* 6:335,粗体为朋霍费尔所加。

一步,也是终极的责任,交托在另一位的手中。^⑭

这些话很激励人,它们会挪去我们时不时愚蠢地担在肩上的世界重担。我们仅被呼召去迈出面前的那一步。

朋霍费尔在几个段落之后的讲述更加鼓舞人心。他颇具牧者情怀地告诉我们,这种生活"使得人类完全依靠上帝的恩典"。^⑮

过基督徒的生活、作基督的门徒意味着在基督里越来越成熟,铭记这一点令人欣慰。"成熟"这个词提醒我们,这是一个过程。我们不是一旦蒙恩得救就直接变得成熟,就像我们不是一出生就是成人。在这个成长过程中,我们会失足,甚至跌倒。我们并不总是能够把握好"入世而不属世"的平衡。在工作中,在家庭里,当我们作为公民生活在复杂时代里,当我们活在基督的身体里,我们并不总是能够完全领会上帝的诫命。我们不仅不能全部领会,也常常不去顺服。这时,上帝在他的怜悯和恩典中与我们相遇。我们中间没有英雄,包括我们的朋友朋霍费尔,即使他带给我们许许多多帮助和鼓励,即使他所提出入世的、作基督导向的门徒的教导使我们深深受益。我们每一个人都是仰赖上帝的恩典而活。上帝呼召我们在这个他创造和救赎的世界中生活,他也在基督里使这世界与他自己正在和好。在基督里、借着基督且向着基督而活——这就是作门徒的本质。

---

⑭ *DBWE* 6:225.
⑮ *DBWE* 6:227.

第八章　自由

今天在教会里，我们对忍耐与承受的独特祝福的认识太过贫乏——去承受而不是摆脱，去承受却不致崩溃，像基督承受十字架那样去承受，在十字架下忍耐，在那里，在十字架下，寻见基督。

——迪特里希·朋霍费尔，

关于《罗马书》5:1—5 的讲道，1938 年

自由只是另一个说辞

1520 年秋天，路德非常忙碌。他被逐出教会，写下了"三檄文"（Three Treatises）。他的年终压轴大戏是把教皇的谕令扔进火里并宣布教皇是异端。三檄文中有一篇是《基督徒的自由》（*Freedom of the Christian Man/Christian Liberty*）。正是在其中路德说出有名的悖论：

基督徒是完全自由的众人之主，不受任何人管辖。

基督徒是完全忠顺的众人之仆，臣服于众人，受辖于众人。①

---

① Martin Luther, *The Three Treatises* (Minneapolis: Fortress, 1990), 277.

我们的挑战是如何定义自由，或者更准确地说，是理解我们在基督里的自由真正意味着什么。克里斯·多福森(Kris Kristofferson)有一首典型的美国歌曲《我和博比·麦吉》(Me and Bobby McGee)，里面有句歌词表达了他的犬儒主义(cynicism，或者是现实主义[realism]?):"自由，不过是一无所有的另一种说法。"若干世纪以来，哲学家们，更不用说政治家们甚至是军队，都在为自由的意义争论不休。

关于自由的谈论基本上常跟幸福的话题关联。也许它们都涉及更深层的东西，比如希腊人所谓的"美好生活"(good life/ *eudaimonia*)。长期以来，不断有新的理论和书籍(且不说子弹和战争)竞相涌现，对美好生活的理念孜孜以求。朋霍费尔则参照路德的悖论为我们指出了正确的方向。他和路德其实都借鉴了基督的悖论——凡丧失生命的将要得着生命。所以，我们就看到了终极的悖论:透过服侍——归根结底是透过牺牲——我们得到自由，得到幸福，得以享受美好的生活。唯有在基督里，才有真自由。按照路德所说，真自由借着服侍他人获得。朋霍费尔响应了这一观点。

在波美拉尼亚的平安

相比简单地讲讲美好生活，圣经的阐述更显深邃。圣经使用的词语是**平安**(*shalom*):和平、安息、整全。从消极意义上讲，**平安**是没有紧张或焦虑，完全没有那种因等着必然降临的坏事而坐卧不宁。在亚当可怕的堕落后，我们的天性常迫使我们在没有平安的地方——要么是在我们自己里面，要么是在我们自己的成就中——寻找平安。当然，在这里我们讲的是我们的救赎。救赎唯独出于基督，也借着基督的中保之工——基督的降卑、被钉十架、复活与升天——而成就。

朋霍费尔在柏林的学生英格·卡尔丁曾讲过一个令人心寒的对比："广大民众当中弥漫着一种希冀，即现在德国人民的救赎是出于希特勒。然而，在课堂上我们听到的是，救恩唯独出于耶稣基督。"[②]

不论假先知是由蛊惑人心的政治家变成的自大恶棍，就像阿道夫·希特勒，还是从各种玄虚的花样里产生出虚假的盼望，平安都显得缥缈而不可及。但是，我们从《罗马书》众多高潮迭起段落中的一处经文所学到的是，唯有透过耶稣基督我们才得以与上帝相和（罗5:1）。朋霍费尔在1938年的一次讲道中恰恰使用了这节经文。那期间，埃博哈德·贝特格几乎与朋霍费尔形影不离。他告诉我们，朋霍费尔当时住在孪生妹妹和犹太妹夫刚刚腾出来的房子里，正在创作《团契生活》。朋霍费尔此前安排了妹妹和妹夫从德国逃往伦敦。后来事实证明，这项安排千钧一发，相当及时。朋霍费尔那时候还负责两个牧师团（collective pastorates）的培训，每个牧师团大约有十位年轻牧师，培训在波美拉尼亚偏远的小树林里进行。

---

② 源自英格·卡尔丁与马丁·道博梅尔（Martin Doblmeier）的一次对谈，转引自 Eric Metaxas, *Bonhoeffer*: *Pastor*, *Martyr*, *Prophet*, *Spy*（Nashville: Thomas Nelson, 2010），119。

由于地下神学院已经被关停，这个培训就成了仅存的果实，有点像罗宾汉和他的绿林好汉们的状况。有时，学生们不得不到一个狩猎小屋里碰头。这个小的"兄弟连"是认信教会的未来。朋霍费尔曾就《罗马书》第 5 章给他们讲道，探讨关于在基督里的平安，保罗到底讲了些什么。在了解这篇讲道之前，我们先来看一下保罗的信息：

> 我们既因信称义，就藉着我们的主耶稣基督得与上帝
> 相和。我们又藉着他，因信得进入现在所站的这恩典中，
> 并且欢欢喜喜盼望上帝的荣耀。不但如此，就是在患难中
> 也是欢欢喜喜的。因为知道患难生忍耐，忍耐生老练，老
> 练生盼望；盼望不至于羞耻，因为所赐给我们的圣灵将上
> 帝的爱浇灌在我们心里。（罗 5:1—5）

讽刺的是，一段关于平安的经文讲的却是我们要遭受患难。这个反讽在遭受严酷患难挑战的朋霍费尔身上得到充分展示。当我们想获得平安——或自由、幸福、美好生活，诸如此类——需要付出什么，我们往往不会想到苦难与困境、服侍与牺牲，更不用说最终的死亡。然而，在朋霍费尔的一首题为"通往自由的四站"（Stations on the Road to Freedom）的诗里，所有这些词汇一一出现，形成了他的一份独特清单。

中途站

1944 年 7 月 20 日,在希特勒的战时指挥部"狼窝"(Wolf's Lair)刺杀他的"瓦尔基里密谋"(Valkyrie Plot)行动失败。炸弹爆炸,房间炸毁,希特勒的数位心腹在爆炸中丧生,可是希特勒逃过了此劫。希特勒后来声称这是天意,更加肆无忌惮、为所欲为,急切而疯狂地推进他的大屠杀计划。同时,他在暴怒中严惩同谋者,以及更广范围的抵抗运动成员。由于行动失败,直接导致将近五千人被处决,还有数千人被逮捕。

对抵抗运动(Resistance Movement)的全面打击最终导致"佐森档案"(Zossen Files)于 1944 年 9 月被发现。档案由迪特里希的姐夫、高级军事情报官汉斯·冯·杜南伊(Hans von Dohnanyi)保存。杜南伊保留这些记录的原意,是存留希特勒战争罪和反人类罪的证据,用于在战争结束后伸张正义。档案还牵连出了参与此前刺杀行动的多位同谋。③ 迪特里希·朋霍费尔的名字也赫然在列。10 月,朋霍费尔从泰格尔监狱被转移到了盖世太保位于柏林奥布莱希特亲王大街总部的地牢里,之前的漫长梦魇更是地狱般恶化。第二年 2 月,他又被转移到布痕瓦尔德。4 月初,他被押往福罗森堡。1945

---

③ 1943 年 3 月的两次刺杀行动失败导致朋霍费尔及其他人在 4 月纷纷因涉嫌刺杀元首而被捕。该档案提供了这些人(包括朋霍费尔)参与密谋行动的证据。

年 4 月 9 日,希特勒直接下令对迪特里希·朋霍费尔施以绞刑。④
尽管没有亲自参与瓦尔基里密谋行动,但密谋计划的暴露最终导致
朋霍费尔走上绞刑架。

1944 年 7 月 21 日,朋霍费尔在泰格尔监狱从收音机中得知,刺
杀行动失败。这一失败意味着怎样的严重后果和逼迫,他了然于
胸。囚禁于方寸牢狱之内,他所能做的,就是拿起笔来。他给贝特
格写了一封信,附上了一首诗:《通往自由的四站》。诗中描述了四
个中途站:操练、行动、受苦和最后的死亡。

在某种意义上,这四个中途站代表了朋霍费尔对作门徒的最
成熟的认知。第一站,代表他在《作门徒的代价》一书中的思想。
在跟这首诗一起写给贝特格的信中,他承认:"曾经我以为,借着努
力活出圣洁或诸如此类的追求,我就能拥有信心。我认为我写的
《作门徒的代价》这本书,意味着这种想法的终结。今天,尽管我
仍然坚持我写作的立场,但我也已经看到了这本书里有隐匿的
危险。"⑤朋霍费尔不是要放弃这本书,他只是意识到了这本书的局
限,这反映了成书时他自己的局限。诗是这样开始的:

④ 关于这一系列事件的详细讨论,包括一开始的瓦尔基里密谋和最终朋霍费尔的殉道,
参见 Eberhard Bethge, *Dietrich Bonhoeffer: A Biography*, enl. ed.(Minneapolis:
Fortress, 2000),893 - 941;以及 Metaxas, *Bonhoeffer*, 475 - 542。关于朋霍费尔参
与刺杀行动的伦理学讨论,以及朋霍费尔被施绞刑或谓之殉道的讨论,参见 Craig J.
Slane, *Bonhoeffer as Martyr: Social Responsibility and Modern Christian Commitment*
(Grand Rapids: Brazos, 2004)。
⑤ 朋霍费尔写给埃博哈德·贝特格的信,1944 年 7 月 21 日,*LPP*, 369。

"操练"

当你出发去追寻自由,必先要学习

管束你的灵魂与感受,恐怕你的激情

与渴望,会使你偏离当行之路。

愿你的身体与意念清洁,存心顺服,

向着前方标杆,坚定忠顺地追求;

唯经操练,你我方知何为自由。⑥

诗歌的第一节描述第一个中途站,把我们带入自由的反语。自由不是无拘无束、肆意妄为,自由是节制有律。讲到操练,朋霍费尔是想说,要遵照爱上帝和爱他人的具体诫命而生活,要依照上帝的命令而活。这种顺服——坚定的顺服——源于信心生活,也是信心生活的一部分。这与《作门徒的代价》中的观点相呼应,不过朋霍费尔在此更多考虑的是我们的预备、我们的品格,以及需要被约束的内在自我。对朋霍费尔而言,这一站并非旅程终点,还需更多经历。

自律的生活将导向下一站,"行动"。

"行动"

勇于做对的事,不凭恃意气,

---

⑥ Bonhoeffer, "Stations on the Road to Freedom," July 21,1944, *LPP*, 370 – 371.

善于把握时机,不胆怯犹疑——

自由之获得,只须躬行而非遐想。

不慌不惧,直面风暴,全力前行,

信靠上帝,忠心遵从上帝的诫命;

自由,将欢欣喜乐与你的灵相拥。⑦

朋霍费尔在此主张无所畏惧的生活,同样这也源自信心和对上帝的信靠。他鼓励逆文化(countercultural)生活,倡导要在生活的"暴风雨"中而不是在舒适地带勇敢地采取行动。但也不要忽略,朋霍费尔在这里引入了喜乐。这种推进,与整首诗一起,都显得违反直觉。喜乐竟是来自艰难与委身。这一站对朋霍费尔而言仍未到终点。我们再次看到,诗歌呼应了《作门徒的代价》里的观点。

朋霍费尔给第三站取名"受苦"。朋霍费尔宣称受苦于我们有益,由此可以再次看到那种违反直觉的诗歌推进的思路。诗歌完成后隔了几天,他给贝特格写了另一封信,信中说:"受苦是通向自由的道路。受苦里的拯救包含了要我们把自己手里的事交托在上帝的手中。"⑧《作门徒的代价》也提到受苦,但与此处的讨论并不完全相同。我们会发现,这本经典之作完成以后的朋霍费尔,在此期间对受苦有了更多的认识。

---

⑦ Ibid., 371.

⑧ 朋霍费尔写给埃博哈德·贝特格的信,1944 年 7 月 25 日,*LPP*, 375。

受苦于我们有益,因为它驱使我们来到上帝面前。受苦使人的脆弱无助一览无遗。第二章讨论过朋霍费尔在伦敦关于《哥林多后书》第 12 章的讲道。他强调,上帝是在人的软弱上显出他的大能。在这里,他的诠释是这样的:

"受苦"

> 变局已确然来到。你那有力且活跃的双手
> 被捆;⑨在无助里你知道自己的行动
> 已终结;你叹息,释怀,把一切交托⑩
> 在那大能之手;从而你知足安歇。
> 唯有在这蒙福的片刻你触摸到了自由;
> 交托上帝使它美妙庄严圆满实现。⑪

这一节诗歌,字面上讲的是对抗希特勒的密谋行动,实际内涵则更为渊博宽广,足以涵盖我们生活中的众多景况,比如受苦且看不到渴望的结果、义人受苦而恶人兴旺(某诗篇作者所悲叹的)等等。这些都关乎面对生活中的困惑。回看写给贝特格的信时,我们读到:"只有彻底地活在此世,我们才能学习拥有信心……我说的入

---

⑨ 朋霍费尔以此表达自己在狱中无能为力的处境。他了解"瓦尔基里密谋",但是狱中的他对此无能为力。

⑩ 朋霍费尔在这里是指瓦尔基里密谋,以及他参与的相关谋划。

⑪ 这里还是指有关的密谋,而朋霍费尔借此表达了一旦采取行动而获得成功时的期冀;"Stations on the Road to Freedom," July 21, 1944, *LPP*, 371.

世,是指毫无保留地活在今生的责任、问题、成败、经历与困惑里。"⑫
如此而活,"我们就把自己全然投靠在上帝的臂膀之下"。而且如此
一来,我们密切关注的不再只是"我们自己的受苦,而是上帝在世上
所受的苦,是与基督在客西马尼园里一起守望"。⑬

我们再次看到,朋霍费尔在《作门徒的代价》中所倡导的付代价
的门徒和所谴责的廉价恩典之间,横亘着一条巨大的鸿沟。朋霍费
尔在书中提醒,作门徒就是效仿基督的样式,意味着必然会受苦。
"他把自己置于罪与死的世界之中……在苦难与死亡中坚定地遵从
上帝的旨意……在十字架上被上帝和人类拒绝、遗弃;我们效法的
是这样一位的样式。"⑭接着他补充,那些同样的鞭伤"已成为恩典的
记号"。⑮ 朋霍费尔拥抱受苦——充满困惑、失败、缺点和失望的人
生——不是由于他是个无可救药的悲观主义者或苦行僧,而是因为
受苦驱使他进入恩典。

最后一站或许是朋霍费尔提出的最违反直觉的观点。被施以
绞刑之前他最后的话是:"这是结束,于我,这是生命的开始。"他视
死亡为我们终极的自由,这是对复活的笃信。复活,以及与三一上
帝的联合,正是在基督里、借着基督、向着基督而活的终点。这绝非
一个求死之愿。朋霍费尔在给贝特格信件的最后说道:"珍重! 不

---

⑫ 朋霍费尔写给埃博哈德·贝特格的信,1944 年 7 月 21 日,*LPP*,369 - 370。
⑬ Ibid.,370.
⑭ *DBWE* 4:284.
⑮ *DBWE* 4:284.

要失去盼望,很快我们会再聚首。"⑯在诗歌的最后一节,朋霍费尔宣告他在上帝里面完全的信心,他深信,我们将在永恒里与上帝永远同在:

　　"死亡"

　　来啊,永恒自由之旅中那最盛大的筵席;

　　死亡,断开一切沉重锁链,拆毁

　　必朽之躯的围垣,盲目心灵的墙篱,

　　于是我们终将得见那在此世无法看见的。

　　自由,我们在操练、行动和受苦中寻找你许久;

　　如今终于得在死亡路上,在上帝启示中看到了你。⑰

如同圣经中约翰所写的:"亲爱的弟兄啊,我们现在是上帝的儿女,将来如何,还未显明;但我们知道,主若显现,我们必要像他,因为必得见他的真体。"(约壹 3:2)保罗讲了同样的信息,有一天这"至暂至轻的苦楚"将让位于"极重无比永远的荣耀"(林后 4:17;参考 3:12—5:5)。

　　朋霍费尔给这首诗附了一个注释,为诗的"粗糙未琢"致歉,还

---

⑯ 朋霍费尔写给埃博哈德·贝特格的信,1944 年 7 月 21 日,*LPP*,370。

⑰ Bonhoeffer, "Stations on the Road to Freedom," July 21, 1944, *LPP*, 371.

说:"我的确不是什么诗人!"⑱通常朋霍费尔都表现出优秀的判断力,不过这次他对自己的评论有失偏颇。他不仅是一位出色的诗人,也是一位杰出的神学家。在这首诗和这封信里,他揭示出,关于自由、幸福、平安——对活出美好生活的向往——事实上我们有太多的成见。朋霍费尔为我们指出了一个不同的方向。这条路,始于操练与行动,出自对上帝的信心和顺服。但它也拥抱受苦,因受苦驱使我们来到基督里,进入他奇妙的恩典。最后,朋霍费尔引导我们看见,在这条路上,死亡不是终点,死亡并不意味着我们的成就与追求在剧终时落下帷幕,而是再一次,我们要在信心里仰望基督,看见死亡正是我们在基督里得着所应许永生基业的开始。

这首《通往自由的四站》,呼应了我们在朋霍费尔的著作里都能看到的对基督中心或基督导向的强调。在基督的降卑里,我们认识了操练、行动、受苦和最后的死亡;在基督的十字架上,我们同样看到了这四站;在基督的复活中,我们看到了基督向着死亡和苦难的得胜;在复活并永远活着的基督里,我们看到了自由的得胜。

为了使这些中途站在我们的生活中更为具象,能够依照而活,我们需要更深入地探讨朋霍费尔如何看待在服侍和舍己里享有幸福与知足。在今天的时代,这尤其重要。几十年前社会学家就讲

---

⑱ 朋霍费尔写给埃博哈德·贝特格的信,1944 年 7 月 21 日,"Accompanying Note," *LPP*, 372。

到,现代社会里人们的自我关注可谓五花八门、无休无止。[19] 从那时起,自我迷恋就愈演愈烈,众多脸书(Facebook)页面和油管(YouTube)视频就是证据。我们是堕落的人类,长年累月地被自恋所困,今天这种景况更是无处不在,很难从中退避求全。在基督里并不意味着我们就能彻底对这种自私和内在牵制免疫,我们仍需学习彼此顺服、爱邻舍、无私服侍。我们如此自恋,或许已经丧失了牺牲的美德。

牺牲:(也称为)知足

清教徒牧师耶利米·巴罗夫(Jeremiah Burroughs)写过一本书《稀世珍宝——基督徒知足的秘诀》(*The Rare Jewel of Christian Contentment*)。的确,知足太珍贵了,它经常躲避我们。而朋霍费尔帮助我们寻见它。朋霍费尔在波美拉尼亚就《罗马书》5:1—5 讲道时,指出认信教会正在经历苦难和艰难,他说:"没有人知道,教会还将面临怎样的苦难。"[20]他指出为何苦难来临是可预料的。从整个新约看,基督的跟随者蒙召就是要受苦。保罗在《罗马书》第 5 章的教导也不例外。实际上,保罗呼召我们"在患难中也是欢欢喜喜的"(5:2—3)。朋霍费尔说,这喜乐来自在服侍这一重担下忍受,来自彼此忍耐、彼此担待。他确知受苦能结出喜乐的果实。患难生忍耐

---

⑲ 大卫·威尔斯(David Wells)对此有丰富洞见,参见 *No Place for Truth:Or, Whatever Happened to Evangelical Theology* (Grand Rapids:Eerdmans, 1994)。

⑳ 朋霍费尔关于《罗马书》5:1—5 的讲道,1938 年 9 月 3 日,*DBWE* 15:474。

（或坚忍），忍耐生老练，老练生盼望。此外，我们喜乐，因为"上帝的爱浇灌在我们心里"（5：5）。"悲伤之门、失丧之门、死亡之门，将为了我们而变成在上帝里面的伟大盼望之门、尊贵之门、荣耀之门。"㉑喜乐由此而生。

　　并非每个人都如此看待受苦。实际上，朋霍费尔回顾了路德的观点。路德说，对有些人而言，"苦难生急躁，急躁生刚硬之心，刚硬之心导致绝望，绝望带来毁灭"。㉒ 有太多时候，这是我们看待艰难困苦的方式。令人悲哀的是，常常些微的苦难就能使我们止步不前，进而使我们偏离正道。朋霍费尔说，只要"我们看重世界的平安过于看重上帝的平安，热爱生活的安逸过于热爱上帝，我们就会脱轨偏离。且随即我们就会因苦难而毁灭"。㉓

　　培养出这种忍受苦难、操练忍耐的见地并非易事。朋霍费尔写道："在今天的教会中，我们对承受某事这一独特的祝福认识太过贫乏。承受，而不是挣脱；承受，但不致在重压下崩溃。"㉔怎样做到不致崩溃？朋霍费尔回答："像基督承受十字架那样去承受，留在重担之下，而正是在重担之下——我们寻见基督。"㉕

　　朋霍费尔在《作门徒的代价》里有类似的论述。在这本书里他思想《马可福音》8：31—38 和《马太福音》11：28—30 中基督对门徒

㉑ Ibid．，475.

㉒ Ibid．，476.

㉓ Ibid.

㉔ Ibid.

㉕ Ibid.

的呼召。他指出："作门徒，就是与受苦的基督紧紧相连。这是为什么基督徒受苦并不会带来焦虑不安，相反，只会生出恩典和喜乐的原因。"㉖当我们彼此扶持、彼此承担时，基督也就扶持我们。我们最想身处的地方，就是在基督的十字架下面。

如果忍耐出于受苦和"承受"，喜乐也出于受苦和"承受"，那么我们就是邂逅了一种相当违反直觉和逆文化的生活方式。但恰恰是这种方式，可以救我们免于沉迷生活而陷入对环境的失望和抱怨。在1942年写给他生活在伦敦的孪生妹妹莎宾和其丈夫格哈德·赖伯赫兹（Gerhard Leibholz）的信中，朋霍费尔曾讲到莎宾的女儿行坚振礼的事。朋霍费尔是孩子的教父却不能出席，他表示最"重要的，是她找到自己通往基督教信仰和教会的路"。他还说：

> 沧桑和失望太多，以致过于敏感的人走上虚无主义（nihilism）并黯然离开。因此，最好能尽早认识到，上帝与受苦不是对立的，而是有其必要的联合；对我而言，上帝亲自受苦，一直是基督教最不可抗拒的教导之一。我以为，相比幸福，上帝更靠近受苦，在受苦这条路上寻找上帝，会带来和平和安息，以及勇敢坚强的心。㉗

㉖ *DBWE* 4:89.
㉗ 朋霍费尔写给赖伯赫兹一家的信，1942年5月21日，*DBWE* 16:284。

朋霍费尔在泰格尔监狱的最后那些书信中的一封里,谈及失望与知足。他在给贝特格的信中说:"上帝并不会给我们想要的一切,但他的应许从不落空。"接着他说,上帝以仁慈"不断地更新我们的信心,他并不加给我们过于我们所能承受的,他以自己的临近和帮助赐给我们喜乐,垂听我们的祷告,指引我们沿着最直接、最好的道路去到他那里"。㉘ 总之,上帝是信实的,而且因着基督以及我们在基督里的稳妥地位,上帝将对我们信实到底。

朋霍费尔从上帝的掌权与信实里得到安慰,甚至不再因为希特勒和他的阴谋诡计而焦虑、挫败、愤怒。在诗作《摩西之死》(The Death of Moses)中,他从出埃及的艰辛、旷野漂流讲到上帝的应许及其在圣地的最终成就。诗从过去并以色列的历史写到当下,字里行间清晰晓畅,

> 上帝的公义护卫软弱也保守刚强
> 免于暴政和错误的猖狂。㉙

暴君希特勒不会落在上帝的掌控之外,有一天他必要面对上帝的审判。朋霍费尔从中得到安慰。在诗的结尾,他渴望在应许之地得到

㉘ 朋霍费尔写给埃博哈德·贝特格的信,1944 年 8 月 14 日,*LPP*,387。

㉙ Bonhoeffer, "The Death of Moses," *DBWE* 8:537. 编辑加注说,"错误"(wrong)一词不是最好的翻译,只是为了在德语翻译成英语时可以具有朋霍费尔原作中的韵律。朋霍费尔所使用的德语单词 *Gewalt*,最好是译为"残暴"(violence)。

平安和祝福。

朋霍费尔在就《罗马书》的讲道里提醒我们："在十字架下有平安……那是世界上唯一能找到与上帝和好之路的地方。上帝的怒气只在耶稣基督里得以平息……因此,对于基督的教会-团契而言,基督的十字架成为喜乐和盼望的永久源头——这盼望就是上帝将要显出的荣耀。"⑳

朋霍费尔对教会-团契的强调不容忽视。我们要彼此担当。第三章说过《团契生活》对此有大量的陈述。不过,他在泰格尔监狱中写的一首诗里,有一句捕捉到了门徒在苦难中和走过苦难时的彼此代祷之美:

> 弟兄啊,请为我祷告!
> 直到黑夜消逝。㉛

同样,我们也不应无视朋霍费尔对我们作基督导向之门徒的呼召。对朋霍费尔来讲,这其中毫无"战时应急"的因素。甚至早在 1934 年他在伦敦的新年布道,其信息的主题就是"追随基督的基督徒生活"。结束讲道时,他同样是把会众带到基督面前,他说:"新的一年会有惧怕、罪疚、艰难。但在一切惧怕、罪疚和艰难中,让我们与基

---

⑳ 朋霍费尔关于《罗马书》5:1—5 的讲道,1938 年 9 月 3 日,*DBWE* 15:472‑473。
㉛ Bonhoeffer, "Night Voices in Tegel," July 1944, *LPP*, 355.

督一同度过这一年。让这新的一年始于基督,继而与基督同行。这意味着每日开始便与他亲近。这一点非常重要。"㉜就是这样,最终我们找到了弥足珍贵的知足——就是美好的生活、幸福和平安。这份知足源于我们在开始、路途中和最后都与基督同在。

结论:向权势讲说软弱

美国费城艺术博物馆(Philadelphia Museum of Art)的画廊里挂着一幅意大利画家帕切科·德·罗萨(Pacecco de Rosa)的《对无辜者的屠杀》(The Massacre of the Innocents,约 1640 年)。尺寸巨大,超过六英尺宽十英尺长,即便是走马观花的参观者,这幅画也足以让他目瞪口呆。画里包含三组人物:首先,是希律王的士兵们,他们面目狰狞,带着暴怒,满含切齿之恨;然后,是母亲们,她们的表情悲痛欲绝,竭力张开着双臂,徒劳地试图从士兵们的利刃下救护自己的孩子;再然后,是孩子和婴儿们。这幅画描绘的是圣经中记载的一次恐怖事件:希律王企图除去一个婴孩,也就是基督,于是把所有两岁以内的男婴统统杀死。母亲拉结为失去孩子号啕大哭,哭声响彻那地(太 2:16—18)。

1939 年,朋霍费尔再次向一群牧者分享了这段经文。他指出,"即使凶残的希律王手段无比暴虐,最终万事仍会按着上帝所看见

㉜ 朋霍费尔对《路加福音》9:57—62 的默想,1934 年 1 月 1 日,*DBWE* 13:349。

的、按着上帝的心意、按着上帝所说过的话而顺利进行。"㉝这信息的应用对所有在座的人而言都是显而易见的。而在此次证道的一个月之前,即11月,碎玻璃之夜(*Kristallnacht*)事件发生,暗示着旷世悲剧拉开序幕,希特勒随即将发起令人发指的大屠杀行动,之后这场惨绝人寰的恶行愈演愈烈,直到1945年4月底终止。

朋霍费尔接着说到那些倒在士兵利刃下的婴儿,他指出:"他们成为基督教世界(Christendom)的第一批殉道者,在垂死中见证了基督他们救主的生命。"㉞然后,他也讲到了拉结的哀哭:

> 为耶稣基督的殉道者们的哀恸从此开始,它不会停息,直到时间的尽头。这是为着与上帝隔绝的世界和基督的仇敌而哀恸,为着那些无辜人的血而哀恸,为着我们自己的罪孽过犯并基督为之历经苦难而哀恸。但是,这悲痛欲绝的哀恸,将得着一个极大的安慰:耶稣基督活着,我们若与他一同受苦,也就与他一同活着。㉟

甚至,这些恐怖行为,"尽管毫无敬畏、罪大恶极,却仍然被用来服侍上帝,上帝会使他自己的应许一一应验。上帝子民的悲伤和眼泪,为上帝所看重,因为它们是为基督的缘故献上的,而基督必要带它

㉝ 朋霍费尔关于《马太福音》2:13—23的讲道,1940年12月31日,*DBWE* 15:491。
㉞ Ibid., 493.
㉟ Ibid.

们进入永恒".㊱

朋霍费尔在此并不是仅仅因受苦而感伤,也不是要粉饰有关邪恶的问题和受苦者的质问:在这一切当中上帝在哪里? 相反,他正是在直面解决这个疑问。我们在受苦与牺牲里看到的不是一个轻省的解答,也不是一个高深的哲学答案。事实上,我们看到十字架,我们看到基督。㊲ 朋霍费尔在另一个场合说过:"战争、疾病和饥饿必定会出现,以至于国度的福音,就是平安、爱和拯救的福音,被传讲,被听见,而且是更加热烈、更加清晰、更加深刻地被人领受……战争为和平服务,恨为爱服务,魔鬼为上帝服务,十字架为生命服务。"㊳

向权势讲说真相并不容易。在权势面前,我们经常变得怯懦而认输。然而,如果向权势讲说真相需要勇气,那么,要去改变游戏规则,进而向权势讲说软弱,就更需要勇气。当我们回转面向上帝,我们遇见的是在十字架上软弱的上帝。这就是朋霍费尔试图向那些二十岁出头将要成为牧师的年轻人传讲的信息,他们将要在德国最黑暗的时刻被差遣进入教会服侍。朋霍费尔睿智过人,他深知困难、艰辛和残酷的时日正在逼近,而为了回应这些令人困惑的、挑战

㊱ Ibid.

㊲ 更多对"邪恶"这一哲学问题充满神学性的讨论,参见 Henri Blocher, *Evil and the Cross: An Analytical Look at the Problem of Pain* (Grand Rapids: Kregel, 2005)。

㊳ Dietrich Bonhoeffer, "National Memorial Day Sermon," in *The Collected Sermons of Dietrich Bonhoeffer*, ed. Isabel Best (Minneapolis: Fortress, 2012), 20 - 21.

人的时刻,他指引这些年轻人去就近基督。基督来到世间"体会了那些被无视、被鄙视之人的生活,因此他可以担负所有人类的痛苦并且成为他们的救主"。㊴ 他呼召这些年轻人要传讲基督并他钉十字架的信息,要敢于向权势讲说软弱、讲说基督。

在关于《罗马书》5:1—5 的讲道里,朋霍费尔引用了会众聚会时唱的赞美诗。第一句是,"今日已矣:我的耶稣,求与我同在"。㊵ 1938 年时朋霍费尔就已经敏锐地洞察到苦难将至,而随后很快地,他就独自迈入漫长漆黑的暗夜。

接下来的几年,朋霍费尔投身于希望通过斩断蛇头以结束德国漫漫黑夜的密谋行动。关于朋霍费尔在阿博维尔(*Abwehr*)* 的间谍身份及其合法性或非法性,有大量的相关记述。阿博维尔军事情报机关里有很多抵抗运动人士,包括朋霍费尔汇报工作的直接上司汉斯·奥斯特(Hans Oster)。埃里克·梅塔萨斯发现,朋霍费尔加入阿博维尔的想法,受到已经是阿博维尔成员的姐夫杜南伊的影响。很多年间,朋霍费尔一直被盖世太保监视搅扰。杜南伊的推理是,通过成为阿博维尔成员,朋霍费尔应该不会再被盖世太保纠缠,从而可以继续他在认信教会的工作,特别是可以不受妨碍地走访年轻的牧师,并继续对他们进行培训。阿博维尔的身份应该可以使朋

㊴ 朋霍费尔关于《马太福音》2:13—23 的讲道,1940 年 12 月 31 日,*DBWE* 15:494。

㊵ 朋霍费尔关于《罗马书》5:1—5 的讲道,1938 年 9 月 3 日,*DBWE* 15:472n3。

* 纳粹德国的另一个间谍机关,隶属于国防军,与隶属于党卫队的盖世太保存在竞争关系。——译者注

霍费尔能够自由地走动往来。㊶

　　杜南伊、奥斯特和阿博维尔的头领卡纳里斯（Canaris）都参与了抵抗希特勒的密谋，他们首先的行动是发动一场军事政变。他们借助朋霍费尔和他的关系网把消息传到英国联络人那里以争取支持。这些阿博维尔军官安排朋霍费尔通过旅行"把政变的初步计划传递给[朋霍费尔的]国外联系人"。㊷ 政变计划失败后，密谋人士继续努力尝试刺杀希特勒的行动。计划都由这些军官执行，朋霍费尔更多投身于教会工作和写作中，尽管盖世太保已明令禁止他继续进行创作。在此期间，即 1941 年到 1943 年间，朋霍费尔还按需提供犹太人受迫害的相关信息，特别是在 1941 年 9 月驱逐令（Deportation）下达期间进行"数据搜集"。㊸ 这些数据被送到参与抵抗运动的高级军官那里，用于帮助他们做出局势报告。㊹

　　这些看起来就是朋霍费尔参与密谋行动的范围，他显然不在策划或执行刺杀行动的军人之列。在瓦尔基里密谋——又一次刺杀希特勒的行动——失败后，杜南伊、奥斯特、卡纳里斯和朋霍费尔都被转移到了柏林的盖世太保监狱。1945 年 4 月 9 日，四人都在福罗森堡集中营被施以绞刑。

㊶ Metaxas，*Bonhoeffer*，369ff.

㊷ Bethge，*Dietrich Bonhoeffer*，724.

㊸ 贝特格记载，"朋霍费尔收集了所有他能够确认的事实，并把它们传递给军中的支持者"，ibid.，745。

㊹ 关于朋霍费尔间谍身份的完整讨论，参见 ibid.，722 - 780，另参 Metaxas，*Bonhoeffer*，369 - 431。

在我看来,参与刺杀密谋行动是朋霍费尔长期抵抗希特勒工作的一部分,这种抵抗始于 1932 年,他当时称希特勒是误导者(misleader/*DisFuhrer*)。朋霍费尔也通过自己在整个欧洲和大不列颠的关系网,帮助犹太人从德国逃离。他并非草率地介入刺杀密谋。事实上,他困惑过这样做会否使自己的灵性受损,可是他别无选择。我发现在这一点上很难对朋霍费尔有所评判,因为我从未经历过任何他所经历的情形,从未处于任何与之相似的艰巨困境。哲学家们是在凉爽的教室(或博客空间)里争论着伦理学难题,而朋霍费尔则是活在历史上极端严酷的伦理困境的中心。

虽然我觉得不容易评论朋霍费尔在刺杀密谋中的角色,但是称他为殉道者则并非难事。1988 年 7 月,伦敦威斯敏斯特修道院(Westminster Abbey)西侧有十座纪念雕像落成揭幕。这座主教座堂的一些部分甚至可以追溯到中世纪,这足以说明威斯敏斯特修道院源远流长的历史。新添加的雕像是为了纪念十位 20 世纪最具代表意义的殉道者,其中一位就是路德宗牧师迪特里希·朋霍费尔。作为殉道者,朋霍费尔实至名归。如果这地上曾出现过一个恶魔化身,必是希特勒无疑。朋霍费尔抵挡希特勒,不是因为德国爱国行动中某种纯粹的民族主义,而是因为他看到了希特勒的十足邪恶。他是被迫采取行动。希特勒因此对他痛下杀手。朋霍费尔曾说,有时候,需要做"轮辐"。[45] 他发现,仅仅为车轮下的被碾压者裹伤是不

---

[45] 转引自 Metaxas, *Bonhoeffer*, 154。

够的,有时候需要力阻狂轮。这就是朋霍费尔的立场。朋霍费尔是对还是错,很可能会在未来许多年间继续引发争议。

不论如何诠释朋霍费尔和这一行为——他最后的牺牲行为——我们知道有一件事是确定无疑的:有关朋霍费尔的讨论不应以死亡结束。最后的重要位置需要留给爱。

第九章　爱

愿上帝每天赐给我们[信心]。我指的不是逃离世界的信心，而是在世上忍耐，热爱并真实面对世界的信心，尽管这世界使我们饱经苦难。我们的婚姻应当是对上帝所创造的尘世的肯定，它应当能令我们刚强，得以在尘世有所作为和贡献。我担心那些只用一只脚站在此生的基督徒，也只有一只脚站在天堂里。

——迪特里希·朋霍费尔，

给未婚妻玛利亚·冯·魏德迈，

写自泰格尔监狱，1943 年

王被钉死在十字架上，他的王国必定相当奇特。

——迪特里希·朋霍费尔，1928 年

我们对浅薄、琐碎事物的偏好，已经近乎排在 21 世纪的问题与挑战列表的榜首。诸如尼尔·波兹曼（Neil Postman）这样的文化观察家和大卫·威尔斯这样的神学家，已经对我们无穷无尽的需求和沦为平庸的惊人能力提出警告。波兹曼将它归因于我们的娱乐和消遣文化——一种使我们淹没在图像中的文化。设想一下，我们正坐着观看国际致善协会（Compassion International）的广告，映入眼帘的是遍布半个地球的营养不良贫困儿童的画面；然而紧随其后的却是身穿比基尼的沙滩排球运动员们在推销一种淡啤酒。这并非一种简简单单的图像并置。这种不间断的图像轰炸正带来严重后果。我们正在变得对一切有实质内容和意义的东西无动于衷。我们似乎不再去注意或者有心关注周围那些更深层的状况或问题。我们在大量图像的泛滥里迷失，变得只对粗陋浅俗的琐事大惊小怪、啧啧称羡。

当我们沉溺于平庸琐屑的海洋里，就丧失了事物的意义、作为人的意义，甚至生命的意义。朋霍费尔在他的年代对这种情形已有所洞察，他写道："今天对许多人而言，人不过是由各种事物组成的世界里的一分子，因为他们已经与作为人的体验失之交臂。"①我认为这种有意义之体验的缺乏，在如今日新月异的虚拟世界中更显突出。

有意义之体验的缺乏，也导致我们丧失了描述这类体验的语言词汇的重要意义。一旦我们缩减了词汇的力量及其实质内容，也就削弱了我们与世界的关联。所以，今天这个时代有种怪异的反讽。比如，我们明明知道世界各地贫困儿童的情况——事实上，远比以前的时代所能知道的更为清楚，但我们却几乎无力感知，也无力作出基本的反应。

---

① 朋霍费尔写给埃博哈德·贝特格的信，1944 年 8 月 14 日，*LPP*，386。

非凡

平庸化（trivilization）这个问题表现在很多方面。我们被泛滥的图像所淹没，变得麻木不仁；我们的语言如此轻率浮躁，以致失去了进行有意义地沟通交流的能力；我们陷入到只会按着被教导的去想、去做和去接受的桎梏，变得没有能力反思、辨析或批判；也许更糟的是我们竟被如此地去人性性化，以致不再有能力去爱；我们在图像和幻影里热切地纵情；我们所珍视的不过是些廉价的替代品；我们失去了爱的内涵与重要意义。

正如我们在前面看到的，朋霍费尔在《作门徒的代价》中用了很长篇幅讨论"登山宝训"。现在我们明白了为什么他的著作如此富有挑战性，因为这书的主体正是我们所遇到的新约中最具挑战性的内容。我们归向基督后开始读上帝的话语，我们知道我们应该爱上帝也爱邻舍。正当我们自以为知道爱是什么的时候，基督却发出一个命令："要爱你们的仇敌。"（太 5：44）朋霍费尔称这是"非凡"。[2] 他将其视为作廉价的伪门徒与作真门徒之间的分界线。

朋霍费尔被基督"要爱你们的仇敌"这一命令深深触动。他看见这是反射向"八福"（Beatitudes）的一道光，诠释了什么是作世上的盐，以及城造在山上不能隐藏。而最重要的是，朋霍费尔看到，基督

---

② *DBWE* 4 的编辑加注说，朋霍费尔使用这个词来捕捉《马太福音》5：47 中的希腊文 *perisson* 一词的含义。朋霍费尔使用了路德的译文，该译文包含德语单词 *Sonderliches*，意为"奇怪的东西"，*DBWE* 4：144n153。

借着在十字架上为罪人(也就是上帝的仇敌)舍命,亲自践行了他所颁布的爱仇敌的诫命(罗 5:8—10)。"什么是非凡?"朋霍费尔问。"非凡就是在患难和顺服中走上十架的耶稣基督的爱。非凡就是基督的十字架。基督教的独一无二之处就是十字架,十字架使基督徒跳出世界,向世界夸胜。"③

登山宝训的伦理,也不亚于非凡。如果认为这靠寻常手段轻易即能做到,就实在太愚蠢了。朋霍费尔说,爱自己的仇敌"要求远超过一个自然人所能集结的一切力量"。④ 唯有从十字架的视角看,登山宝训的伦理才成为可能;唯有活出十字架的生命,耶稣要求的伦理才能进入我们的生命。"只有在被钉十架的基督和属他的群体里面,'非凡'才会产生。"⑤我们真的明白什么是爱吗? 或者换句话说,我们中间有谁真的明白什么是作基督的跟随者、作基督的门徒吗? 如果单凭自己,我们无法很好地回答这些问题。所以我们要在基督里去寻找并找到所需要的答案。然而,朋霍费尔依然呼召我们活出这种生命,而并非只是呼召我们观看**基督**活出这种生命。

"毋庸置疑,非凡能够被看见,从而将天父表明出来",朋霍费尔宣告。"非凡不会总是被隐藏,它必定要被人看见。"⑥所以,我们要活出对上帝的爱、对邻舍的爱和对仇敌的爱。从其本质看,这种生

---

③ *DBWE* 4:144.

④ *DBWE* 4:138.

⑤ *DBWE* 4:145.

⑥ *DBWE* 4:145.

活与这个世界很不相符,乃是要从根本上转化世界。朋霍费尔在结束登山宝训的讨论时承认,这段经文有各种不同的解读。但同时他坚称:"主耶稣知道的只有一种可能:单单去顺服。"⑦他强调:"耶稣已经发出命令;而我们要做的就是顺服。"⑧在这里我们当献上感恩,感谢上帝赐下恩典帮助我们顺服,帮助我们像基督那样去爱。

　　这就好比我们从沙坑里走出来。＊我们总有套路在教会里逢场作戏,或者作起基督徒来不认真,不追求遵行登山宝训的标准。我们也有伎俩把这些教导歪曲成律法主义。说教的时候,我们能巧舌如簧。在自义上,我们可能做得出类拔萃。所以,我们必须回到《作门徒的代价》的开头部分,来理解朋霍费尔为什么急切地要把我们带回到恩典。1930 年在美国时他就写过一篇论文,讲到同样的内容:"唯有基督教的恩典观,使人在上帝面前自由,并为伦理生活提供唯一可能的基础。"⑨而在论文前一页他写的是,"人要活在称义与成圣的信心里。他永不能自诩说:我很不错,而是必须不断祈求说:'免我的债。'他必须相信自己是被称为义……恩典是人类生活唯一且崭新的基础。"⑩同样,恩典贯穿在《作门徒的代价》一书中。

　　我发现值得关注的一点,即《作门徒的代价》是以论及廉价恩典

---

⑦ *DBWE* 4:181.
⑧ *DBWE* 4:182.
＊ 沙坑(sandbox)是儿童游玩的地方,这里的"走出沙坑"意味着离开不成熟的生活模式。
　　——编者注
⑨ *DBWE* 10:451.
⑩ *DBWE* 10:450.

和重价恩典作为开篇的,而且在第一页第一句就进入这个论述。朋霍费尔其实可以只是简单地提到廉价的门徒身份和付代价的门徒身份即可。但是,在一本书的开篇之所以如此布局,我认为是要提醒我们,当谨记恩典。他知道接下来几章自己要讲什么内容;他知道自己会用很长篇幅讲述《马太福音》第 5—7 章里基督的命令,以及圣经里其他那些并非可以轻而易举做到的诫命;他完全清楚,我们需要谨记,我们是靠恩典而活。我们需要谨记,上帝的命令总归就是一条:去爱。

奥古斯丁(或者是路德,因为两人都曾被视为该引言的出处)曾说:"爱上帝,并做你想做的事。"这不是什么特许证,而是一个进入至高伦理的呼召。尽管朋霍费尔未被列入该引言的创始者之列,但我们可以想象,如果他更早出生,他本可以是这句话的原创者。所以,朋霍费尔论基督徒生活的纲要,我认为可以简述为:我们是在爱里、靠着恩典、作为教会-团契而活——即在基督里、借着基督、向着基督而活。

这是朋霍费尔对我们作基督门徒的所有教导的精髓和本质。讲到爱的主题时,我们就到达了朋霍费尔论基督徒生活之教导的顶峰。前面各章的所有内容都指向这一点。

我们对朋霍费尔的基督论(第二章)和教会论(第三章)的讨论都为此奠定基础。讨论圣经、读圣经和活出上帝的圣言(第四章)、讨论祷告(第五章)、讨论依照神学来思想和生活(第六章),这些阐明的都是学习爱和践行爱的具体途径。前面对"入世"的讨论(第七章)和对自由、服侍及牺牲的讨论(第八章)则是关乎爱的呈现。下面我们将进入爱这个主题,这是整个攀登过程的最高点,了解朋霍费尔对爱的认识,了解他爱的生命。我们的探讨从他的家庭开始。

爱的书信

透过朋霍费尔的狱中书信,我们可以看到他对家人深切的关爱。爱的主旋律迅速从中涌现。比如,他总是很爽快地向家人肯定他自己的良好状况。他盼望家人不要因为他,因为他身陷囹圄、前路渺茫而心生苦楚。他盼望他们常有平安,常享安息。当他间接得知家人生病或遭遇困境时——说到间接,是因为家人也较少跟他谈及他们的困难——他会立即写信问候,及时给予安慰鼓励。

1944 年 12 月 28 日,在柏林的地牢里,朋霍费尔设法争取到一次特权,在母亲生日那天给她写一封信。他在信中写道:"我唯一想做的就是能够使你稍稍快乐起来,这些日子里想必你会感到黯然无望。亲爱的妈妈,我盼望你晓得,每天我都在想念你和爸爸,我为你带给我和全家人的一切深深感谢上帝。"⑪

这不是一封孤立的家信,也不意味着朋霍费尔对其他人和邻舍的顾念有别于他对家人的关爱。我们会在下面看到朋霍费尔表达关切他人的仁爱之举。然而,有一个极其值得关注的关系是:1943 年 1 月,迪特里希·朋霍费尔与玛利亚·冯·魏德迈宣布订婚。玛

---

⑪ 朋霍费尔写给母亲的信,1944 年 12 月 28 日,*LPP* 399。

利亚于 1 月 13 日回复朋霍费尔的求婚信说,我愿意。朋霍费尔在 1 月 17 日才收到这封回信,那天是礼拜天。倘若他是一个严守安息日者(strict Sabbath-keeper),那他就破坏了安息日的规矩,因为仅仅六十分钟后,他就写出了回信:

> 谢谢你的[肯定]答复,谢谢你为了我承受一切,也谢谢你正在和将要为我付出的一切。此刻愿我们同享快乐,成为彼此的幸福……愿我们在伟大自由的饶恕与爱里相遇。让我们以感恩、以永不止息的对上帝的信靠,照着彼此的本相互相接纳。是上帝把我们带到了这个时日,他爱我们。⑫

他们的正式订婚是通过信件确立的,这一点其实很自然,因为 1943 年 4 月 5 日朋霍费尔被捕后,他们的关系就主要以通信维系,在那期间只有为数不多的珍贵的探监机会。由于他们关系的主要组成就是情书,贝特格后来说:"因此,我们面对的是一个书面的见证,讲述了一个不寻常的婚约下饱含舍己之爱的爱情故事。"⑬尤尔根·莫尔特曼(Jürgen Moltmann)曾经极不情愿地应征入伍,成为

---

⑫ 朋霍费尔写给玛利亚·冯·魏德迈的信,1943 年 1 月 17 日,*DBWE* 16:384。

⑬ Eberhard Bethge, "Postscript," in *Love Letters from Cell 92: The Correspondence between Dietrich Bonhoeffer and Maria von Wedemeyer*, ed. Ruth-Alice von Bismarck and Ulrich Kibitz, trans. John Brownjohn (Nashville: Abingdon, 1995),365。

一名德国士兵,他在战斗中遇到第一个英国士兵时就随即"投降",后来成为德国的神学家领袖。他表示,朋霍费尔与未婚妻的关系是"致命时期感人至深的爱情故事"。⑭

在朋霍费尔后来的书信里,爱的主旋律不断呈现,盼望、感恩、信任等都洋溢其中。要知道,这些美德即使在最和平的年代和环境里都是很难培育的。然而,当玛利亚躲避空袭、迪特里希身陷囹圄的时候,他们却一起培育着这些美德。朋霍费尔订婚后在狱中的第一个圣诞节前夕,写下了这样的期待:"愿我们在迎接圣诞节的到来时不仅毫无畏惧,而且更加信心满怀。假如上帝怜悯赐给我们团聚,我们将彼此成为和拥有这世界上最美的圣诞礼物。"⑮这份对未婚妻表达的盼望,朋霍费尔一直存有到他生命的最后。在期盼1944年的圣诞节时,他再次写信给玛利亚,信中还附上一首诗,名为"所有美善力量"。诗歌的最后一节描述了这种盼望,在盼望中朋霍费尔依旧坚定仰赖上帝的至善:

> 所有美善力量奇妙遮盖,
> 不论如何都期盼安慰。
> 在晚上早上每个新的一天,
> 上帝都必将与我们同在。⑯

---

⑭ Jürgen Moltmann,转引自 *Love Letters* 的封面。

⑮ *Love Letters*,128.

⑯ Ibid.,270.

在泰格尔监狱中,朋霍费尔在阅读了《路加福音》17∶11—17 之后,给玛利亚写了一封信。这段圣经讲到一个比喻,有十个麻风病人得了医治,之后却只有一个病人回来感谢使自己得医治的主耶稣。信中这样写道:

> 最亲爱的玛利亚,
>
> 　每一天为了能快快团聚而盼望和祷告时,愿我们永不忘记常常感恩,为着上帝已赐予我们的一切感恩,为着上帝将要继续在每一天赐予我们的一切感恩。如此一来,我们所有的思想和计划必将更清晰、更平和,我们也将愉快、甘愿地接受我们自己的命运。这周的福音信息——关于感恩——是我最珍爱、最宝贵的信息之一。⑰

朋霍费尔也跟玛利亚谈到幸福:"你一定不要以为我不幸福。"这是他在 1944 年 12 月 19 日那同一封信里说的。"总之,幸福和不幸到底是什么意思呢? 它们都很少依赖于环境,却又极多地取决于我们内心的状况。每一天,我都为有你而深深感恩——你和关于你的一切——都令我无比幸福欢欣。"⑱在 8 月写自泰格尔监狱的一封信中

---

⑰ Ibid.,95."这周的福音信息"是指那个礼拜日指定阅读的经文(lectionary reading),《路加福音》17∶11—17。

⑱ *Love Letters*,269.

他还说:"只要想到你,我灵魂里所有的小阴霾就都云消雾散了。"⑲

他们第一次相遇是在鲁思·冯·克莱斯特-瑞柔(Ruth von Kleist-Retzow)的家中。鲁思是玛利亚的外祖母,也是芬根瓦得神学院的资助人。当时话题转到了玛利亚的未来计划。玛利亚说,自己想学习数学,但她的外祖母认为这是"一个愚蠢的想法"。朋霍费尔则对此"十分看重"。⑳ 他坠入了情网。朋霍费尔写信给贝特格时讲到与玛利亚初次见面的"愉快回忆",随后还在信中提到,看看怎样能设法安排与她再次碰面。㉑ 不过,玛利亚外祖母的话并非是对自己外孙女想法的轻视。事实上,鲁思后来是最竭力撮合两人走到一起的。

玛利亚的母亲则不太同意这两人走到一起。这也许是由于较大的年龄差异,十八岁的玛利亚年纪刚好只有三十六岁的朋霍费尔一半大。但是朋霍费尔毫不气馁,1942 年 11 月,他恳请玛利亚的母亲同意把女儿许配给他。玛利亚的母亲最终还是答应了,但她提出了一个条件:两人要先分开一年。朋霍费尔接受了这个要求。玛利亚在自己 1942 年 11 月 27 日的日记里写道:"这件事简直不可思议,他是真的想娶我。"㉒但分开一年的计划后来基本上未能实施。到了 1 月中旬,两人正式订婚。然而,迪特里希和玛利亚、玛利亚的母亲、

---

⑲ Ibid., 64.

⑳ Ibid., 330.

㉑ 朋霍费尔写给埃博哈德·贝特格的信,1942 年 6 月 25 日,*DBWE* 16:328 - 329。

㉒ *Love Letters*, 336.

玛利亚的外祖母,他们谁都无法预料到 1943 年 4 月 5 日的突发事件。

当时,朋霍费尔正坐在办公桌前埋头工作。他的房间位于柏林夏洛腾堡(Charlottenburg)父母家的阁楼,装修十分简单,以书架为墙衬,非常普通的桌子,两头带两个抽屉,桌上放着一盏台灯。桌子靠窗而放,桌旁是暖气片,临窗可见一片高大茂盛的松树在房屋之间错落有致地矗立着。1943 年 4 月 5 日,盖世太保突然冲进这间陋室,把朋霍费尔带走。此前他们已经逮捕了杜南伊和其他若干人。盖世太保追踪到了对犹太救济机构的巨额财务奉献,他们有足够理由怀疑朋霍费尔及其他被捕的人都参与了对犹太人的秘密营救。不过,这其实只是抓捕行动的表面借口,真正的原因是这些人涉嫌密谋刺杀希特勒。朋霍费尔被关进了泰格尔监狱,在那里一直到 1944 年 10 月。在那期间只要获得警卫允许,玛利亚就前往探访。后来,朋霍费尔被转移到柏林盖世太保监狱,探访也被彻底取消了。

1945 年 2 月,玛利亚得知,朋霍费尔将会从柏林盖世太保监狱被转移到福罗森堡集中营,她立即动身去找他。玛利亚搭乘了两天的火车,然后用一天时间在严冬里步行跋涉四英里后,终于来到了福罗森堡集中营的大门口,却被告知朋霍费尔已经被带走了。然而当时的事实则是,她还是太早赶到了,朋霍费尔在被送到福罗森堡之前先被关进了布痕瓦尔德集中营,之后又短暂被囚在雷根斯堡(Regensburg)。直到 4 月 8 日朋霍费尔才被押送到福罗森堡,但也只是在那里停留了一天。而早在朋霍费尔到那里之前,玛利亚已经返回柏林去了。玛利亚与朋霍费尔的家人根本无从得知,朋霍费尔到底被羁押在何处。

那年春天,玛利亚一直在柏林与朋霍费尔的家人同住。战争结束时,她跟家人借了辆车,开着车去寻找自己的爱人。可在临近战争结束的混乱时期,盖世太保为了逃避罪责疯狂地销毁各种记录,玛利亚对朋霍费尔在哪里毫无踪迹可寻,她甚至无法确定朋霍费尔是否还幸存于世。直到 1945 年 6 月底,玛利亚才得知朋霍费尔的死讯。由于不能进入柏林,也没有其他途径联系到朋霍费尔的父母,她完全没有办法通知到他们。直到 1945 年 7 月底,当玛利亚终于见到他们时,大家才有机会一起哀悼亲人的离世。㉓

战争结束后,玛利亚·冯·魏德迈前往哥廷根大学(Gottingen University)学习数学,并赢得一项在美国进行研究工作的奖学金。她最终在宾夕法尼亚州布林莫尔学院(Bryn Mawr College)完成学业。之后,她继续留在美国生活,直到 1977 年在马萨诸塞州去世。

1943 年 8 月 12 日,迪特里希在给玛利亚的信中写道:

　　　我们的婚姻应当是对上帝所创造的尘世的"肯定",它

㉓ 参见上面的历史笔记,载于 ibid., 348 - 359。另参 Paul Barz, *I Am Bonhoeffer*: *A Credible Life*, *A Novel*, trans. Douglas W. Stott (Minneapolis: Fortress, 2008), 325 - 339。虽然是小说体裁,巴兹的书却是精心研究之作,包括对玛利亚·冯·魏德迈的访谈,该书深受朋霍费尔学者的好评。

应当能令我们刚强，得以在尘世有所作为和贡献。我担心那些还冒险用一只脚站在此生的基督徒，也会只有一只脚站在天堂里……所以，让我们继续在以后不得已的等待里切实地忍耐，不浪费哪怕只是一分一秒在牢骚或抱怨上。从上帝的观点来看，这个等候期弥足珍贵，在很大程度上取决于我们如何去忍受它……我深信，我们的爱情和我们的婚姻将从这次患难中汲取永恒的力量。所以就让我们继续等候吧，为彼此而等候，共同等候，直到我们婚礼那天黎明的来临。那应该不会太久，我深爱的、亲爱的玛利亚。㉔

贝特格曾经把迪特里希·朋霍费尔与玛利亚·冯·魏德迈的关系称为朋霍费尔在狱中"致力思考"的"肯定生命的神学"(life-affirming theology)的写照。㉕ 从上面这封信中能够清楚地看到这一点。朋霍费尔宣称自己的婚姻是对上帝所创造尘世的一个肯定，这是他的入世门徒观的一个组成部分。把感情关系划分在属灵生命之外是错误的，感情关系彻头彻尾就是我们爱上帝的晴雨表。乔纳森·爱德华兹(Jonathan Edwards)曾说，自己与妻子萨拉(Sarah)的婚姻是"异乎寻常的联合"(uncommon union)。朋霍费尔与玛利

㉔ *Love Letters*，64 - 65.

㉕ Bethge, "Postscript," in *Love Letters*，366.

亚的订婚也是一样。实际上，用**非凡**（extraordinary）一词来描述或许更好。

无上之爱

朋霍费尔一直自认为是一个牧师，如果他最后的遗言有任何暗示的话。甚至玛利亚在早期的书信中也称呼他"朋霍费尔牧师"。朋霍费尔最后写下来的文字只有三行内容，潦草地写在他那本普鲁塔克（Plutarch）的《名人传》（*Lives of Great Men*）封面的内页。这本书是他哥哥送给他最后一个生日，也就是三十九岁生日的礼物，具体时间是 1945 年 2 月 6 日。这本书也是他的家人暗中送往关押他的柏林监狱的最后几本书中的一本。随后第二天上面就下达命令将他押往布痕瓦尔德，并且禁止他带任何东西，包括这本书。书页内的笔迹很不工整，暗示着他当时写得十分仓促，或许也带着焦虑：

> 迪特里希·朋霍费尔，牧师，
> 柏林夏洛滕堡
> 马林柏格大道 43 号

姓名、职业和地址。请特别注意职业"牧师"。朋霍费尔于 1931 年 11 月 15 日在柏林圣马太教会（St. Matthew's Church）被按立为牧师。他符合按牧要求，支付了五马克相应费用，之后正式成为迪特里希·朋霍费尔牧师。㉖ 他曾在圣马太教会服侍过一段时间,当时的会众中有保罗·冯·兴登堡(Paul von Hindenburg),德国总统、第一次世界大战德军前领导人。㉗ 朋霍费尔一生中参与过多种牧会工作。按牧之前,他已经作为青年牧师在巴塞罗那开始了初期的服侍。他说过,之所以要去巴塞罗那,是为了"要独立自主",那是一个二十二岁年轻人自立的方式。㉘ 他的牧师职责与教会工作在之后二十年间有很多变故,包括在伦敦牧会,以及 1929—1930 年在美国协和神学院留学期间到纽约哈莱姆的教会服侍。从那一年间的书信里可以明显看到,他在哈莱姆的阿比西尼亚浸信会服侍期间的收获远远多过他在协和神学院的收获。㉙ 令人好奇的是,他实际的牧养工作更多与年轻人有关。他拥有两个博士学位,弹得一手好吉他,胜任青年牧师显然绰绰有余。

当然,朋霍费尔也是一位学者。他在柏林的职业生涯十分短暂,他把大部分时间都用于地下教会的教育服侍,在芬根瓦得神学院时达至巅峰。他在 1936 年参与撰写芬根瓦得的使命宣言,其中

㉖ *DBWE* 11:64 - 65.

㉗ 在 1931 年 11 月 5 日给保罗·莱曼的一封信中,朋霍费尔写道:"我记得已告诉过你,这个教会是兴登堡这样的人参加的教会(他平均一个月来一次)。上个礼拜天我遇到了他。他看起来很气馁——考虑到当下的国家事态,这毫不奇怪。"*DBWE* 11:62。兴登堡所领导的德国当时正处于可怕的经济危机时期,几乎要分崩离析。

㉘ Bonhoeffer, "Spanish Diary," January-March 1928, *DBWE* 10:57.

㉙ 梅塔萨斯认为,朋霍费尔在哈莱姆的服侍是他人生的一个转折点,"那是朋霍费尔第一次亲眼见证了因顺服上帝的诫命,福音被传讲和活出来"。Eric Metaxas, *Bonhoeffer: Pastor, Martyr, Prophet, Spy* (Nashville: Thomas Nelson, 2010),108。

包括"为服侍他人深入预备自己"㉚的字样。贝特格告诉我们,这"不是空洞无物的用词",㉛而是朋霍费尔自己牧会的显著特征,也表达了他对自己所培训牧师的期望。"服侍人"是宗旨;爱邻舍是标志。

朋霍费尔在《伦理学》中再次强调基督教信仰中爱的非凡性:"爱——对比所有哲学,以福音来理解时——不是一种用来跟人打交道的手段。"㉜爱不是一种技能;爱也不是一种抽象的存在。他接着说,爱存在于"上帝对人类和这个世界的实际的爱里",因此,我们的爱也"只会出现于人与他人、人与世界真正的互属与同在里(belonging-together and being-together)"。㉝ 在《作门徒的代价》中朋霍费尔跟我们讲到"登山宝训":"登山宝训是上帝道成肉身之爱的声明,它呼召人们要彼此相爱,并因此要舍弃一切阻碍这一呼召实现的东西——简言之,就是呼召人们舍己。"㉞

朋霍费尔继续解释舍己都有什么要求,同时也说明这将使我们经历什么。简单讲,我们总是因误判什么对自己最好而备受折磨。自我提升、自我服务、自我关注——这些都会使我们变得枯干和空虚。后果就是,我们不能明晓事理。朋霍费尔解释说:

㉚ 转引自 Eberhard Bethge, *Dietrich Bonhoeffer*:*A Biography*, enl. ed.(Minneapolis:Fortress,2000),539。

㉛ Ibid.

㉜ *DBWE* 6:241.

㉝ *DBWE* 6:241.

㉞ *DBWE* 6:242.

在放弃一个人自己的幸福、自己的权利、自己的义和
自己的尊严中，在放弃暴力和成功中，在放弃自己的生命
中，这个人就预备好了去爱他的邻舍。曾经，人们被自爱
蒙蔽而迷失自我，但上帝的爱释放人的知觉，赐下人对现
实、对邻舍、对世界的清晰认识。㉟

朋霍费尔亲身经历了舍己包括的一切，他也同样亲自认识了舍己为
他打开的一切。即使是在漆黑的漫漫长夜里，他仍能沉浸于上帝借
着基督表达的爱中。

1965年，美国最伟大的爵士音乐家约翰·柯川（John Coltrane）
发行了专辑《无上之爱》（A Love Supreme）。音乐评论家们证实，该
专辑代表的不仅是柯川音乐创作的巅峰，也是他的属灵探寻和追求
用音乐颂赞上帝的最高点。为了完成这张专辑的录制，柯川到所有
他能找到的宗教源头进行探究，试图理解什么是爱。很遗憾，最终
他与寻求的答案擦肩而过。尽管在工作室里录制出这样一张精美
的专辑，甚或是美国最高水平的爵士乐专辑，该专辑却未能实现它
的目标。㊱

朋霍费尔提醒我们，理解爱，并不意味着就得去追寻大师，包括
现代基督教大师的脚踪。要理解爱，并活在无上之爱的光中，我们

㉟ *DBWE* 6：242.

㊱ 参见 Ashley Kahn, *A Love Supreme：The Story of John Coltrane's Signature Album*
（New York：Penguin，2003）。

只需要单单定睛于那位道成肉身的基督,认识他的呼召:彼此相爱、爱我们的邻舍、爱我们的仇敌。这就是"非凡"的爱,无上的爱。

在即将结束对朋霍费尔论基督徒生活的讨论时,我意识到了一个反讽:在以朋霍费尔作为我们(包括我自己)榜样的同时,我一直强调的却是,我们应当跟随基督并且单单定睛于基督。

关于反讽,请允许我再多说一点:朋霍费尔惊人地少年老成。他不仅二十一岁就获得了博士学位,且许多关键思想都在那之前已经成形,而且在拿到博士学位之前就已经公开发表了这些思想。除了才智过人、神学成熟,年轻的朋霍费尔还拥有对世界的广博见识与丰富体验。1924 年 4—5 月间,朋霍费尔曾到意大利和北非旅行,这种"宏大旅行"是欧洲那些家境殷实的年轻人的必需品。他坚持写日记,记录自己的行程。罗马斗兽场、古罗马广场、圣彼得大教堂,这些地方都令他叹服,但《拉奥孔》(Laocoön)特别令他印象深刻。这座公元前 1 世纪完成的大理石雕像曾经遗失,后来在 1506 年被找到。米开朗基罗亲自参与了它的挖掘修复工作,雕像最终被收藏于梵蒂冈博物馆(Vatican Museums)。朋霍费尔看到了这尊雕像,他在日记里描述:"第一眼看见拉奥孔雕像时,我真的浑身一颤。它完全超乎想象。我在雕像前停留了很久。"㊲

拉奥孔的故事出自希腊神话。拉奥孔是特洛伊城的祭司,虽然后来徒劳无功,但他曾竭尽全力警告特洛伊人不要接受特洛伊木

㊲ Bonhoeffer, "Italian Diary," April 14, 1924, *DBWE* 9:89.

马:"务必当心希腊人的礼物。"后来拉奥孔受到波塞冬(Poseidon)的审判,被派来的两条巨蟒缠身而亡。雕像描绘了拉奥孔被巨蛇死死缠住时的痛苦面孔。拉奥孔苦苦挣扎但力不能胜,在命运面前,他完全无从抵抗。这一雕像摄人心魄,叫人难以忘怀。朋霍费尔将它归为罗马艺术奇观中的佼佼者,可说是名副其实。

作为一个刚满十八岁的青年,朋霍费尔当时对《拉奥孔》的理解并不深刻。成长尚需时日。1942 年,朋霍费尔再次造访意大利,那时已是墨索里尼(Mussolini)统治意大利,他陪同姐夫汉斯·冯·杜南伊前往,后者正在参与阿博维尔的事务。我们并不清楚朋霍费尔当时在做什么,然而不管当时是什么安排,都没有太占他的时间,于是他再度参观了那些遗址、博物馆和画廊。当然,他去看了《拉奥孔》。在他的"重点印象"清单中,《拉奥孔》再次高居榜首。而且这一次,朋霍费尔对雕像的理解更为深刻:"拉奥孔的头像,是否已成为后来基督肖像的某种模型? 这是一位古时的'忧患之子'(man of sorrows)。没有人能为我解释这些。我要对此做些深入研究。"⑱

某种程度上这象征了所有基督徒,包括朋霍费尔,生命逐渐成熟的过程:越来越多地定睛于基督;越来越多地将我们的经历追溯到基督那里;越来越借着基督、在基督里、向着基督而活。朋霍费尔曾经在《伦理学》中讲道:"对现实的知识,不是仅仅对各种外部事件

---

⑱ July 16,1942, *DBWE* 16:402.朋霍费尔 1942 年的日记片段,这是其中的一部分,暗示了盖世太保的行动。事实上,朋霍费尔于 7 月 3 日至 10 日期间访问罗马,在接下来的一周,包括 7 月 16 日,他都是在德国度过。

有所认知,而是要深入事物的本质。"㊴

因此,毫不奇怪,透过拉奥孔极度痛苦的面孔,透过拉奥孔与蛇的搏斗,朋霍费尔看到了基督。正是在基督——这位忧患之子——的受苦中,我们遇见基督,我们来到基督面前。而且,正是因为认识到基督的受苦,我们才得着安慰。当然,与攻击拉奥孔的巨蛇不同,圣经中讲到的蛇只能伤到基督的脚跟,然而,基督打碎了蛇的头。这就是事物的本质。

结论:作基督导向的门徒

《拉奥孔》石雕的故事强调了关于基督的三大关键部分:道成肉身、被钉十架、复活。这些教义都融会贯通于朋霍费尔的作品。他说:"在耶稣基督里,我们相信上帝是那位成为人、被钉死,且死而复活的上帝。在道成肉身中,我们认出了上帝对一切受造的爱;在基督被钉十架中,我们明白上帝的审判要临到凡有血气的人;在复活中,我们看到上帝对新世界的心意。"㊵其中每条教义都需要深入探讨。

道成肉身

借着道成肉身,作为上帝-人的基督充分表达了对我们、对上帝所创造之尘世的**认可**——朋霍费尔的婚姻(如果成就的话)也是这

㊴ *DBWE* 6:81.
㊵ *DBWE* 6:157.

一肯定的回响。当我们在爱里活在世上,反映出基督的样式,我们也同样成为这一肯定的回响。从 1932 年 11 月 19 日朋霍费尔的讲座里,我们看到他异常犀利地论述过这个观点。当时的听众是新教女子继续教育学院(Protestant Continuing Education Institute for Women)的学生,朋霍费尔把讲座命名为"愿你的国度降临:教会-团契为上帝国度降临在这个世界而祷告"。[41] 他在讲座中指出:"我们生活在遍布荆棘与蒺藜的受咒诅之地。"接着他宣称:"但是,基督已经进入这个被咒诅的尘世,基督所承受的血肉之躯就出于此地。"[42] 朋霍费尔指出,教会也牢牢地扎根于这个受咒诅之地,他说:"上帝在这个受咒诅的地上建立了他的国度。"[43]而且,这里也是上帝呼召我们为他而活的场所。

朋霍费尔在讲座结束时讲到了雅各与天使摔跤的传奇故事(创 32:22—29),从中看到我们在世生活的真实描述:

> 对我们所有人而言,进入应许之地[新天新地]的道路都要经过暗夜,也就是说,我们也会跟那些曾与上帝摔跤、与上帝的国度和恩典角力过的人们一样,拖着千疮百痍之躯进入应许之地;也就是说,我们会像一瘸一拐的战士一样,步履蹒跚地进入上帝的应许之地,进入赐给我们弟兄

---

[41] *DBWE* 12:285 - 297,参见编者注,285n1。
[42] *DBWE* 12:288.
[43] *DBWE* 12:295.

的应许之地。㊹

朋霍费尔对我们会像"一瘸一拐的战士"的形象描述,可以帮助我们培养出一定的谦卑和对上帝的依靠,这是我们极其需要的品德。

在给贝特格最后的信中,朋霍费尔写道:"如果这个尘世对耶稣基督这个人而言足够好,如果耶稣这样一个人曾经在此世生存过,那么,生活对于我们才有意义。而且,也只有这样,生活才有意义。"㊺当基督来到这个世上,他不是悬浮在六英寸高的地表上空,而是实实在在地来到**这里**,因此,我们也蒙召要在此世为基督而活。"这个世界,"朋霍费尔在暗狭的牢房内、在自己的国家受制于希特勒的狰狞魔掌之下时,如此写道,"不应当被仓促地一笔勾销。"㊻

在道成肉身中我们也看到基督的谦卑。基督成了贫穷者、被遗弃者、流亡者和"被侵占者",并进入这些人中间。朋霍费尔由此大受安慰,当然他更看到了挑战。借着基督、在基督里、向着基督而活,意味着在道成肉身的视角下生活,以道成肉身的样式而活。

被钉十架

这也意味着出于十架并靠着十架而活。我们知道,大地受了咒

㊹ DBWE 12:297.另参朋霍费尔关于雅各与上帝摔跤的讲道,载于 DBWE 11:428 - 433。

㊺ 朋霍费尔写给埃博哈德·贝特格的信,1944 年 8 月 21 日,*LPP*,391。

㊻ 朋霍费尔写给埃博哈德·贝特格的信,1944 年 6 月 27 日,*LPP*,337。

诅,而耶稣被钉十架揭示出罪与邪恶的深重、丑陋和恐怖,同时也强
调了以爱为标记的真正的谦卑。上帝爱世人,甚至将自己的儿子赐
下——不仅仅是来到这个世界,更是走向了十字架。在这个过程
中,基督"成为全然背负所有人类罪咎的那一位。耶稣丝毫没有逃
避,而是在谦卑和无限的爱里背负我们的罪咎"。[47] 朋霍费尔接着
说:"尽管耶稣无罪,但出于对人类的无私之爱,他进入人类的罪咎
之中,并且将罪咎担在了自己身上。"[48]结果,我们得以站立——被赦
免、称义、救赎,并与上帝和好。我们得以与上帝相和(罗 5:1—5)。

　　基督在十字架上受死,也带领我们进入教会-团契。这团契由
这样的人组成:他们蒙赦免,也当快快赦免他人;蒙代求,也当同样
为他人代求;重担由耶稣代为背负,也当代为他人背负重担。朋霍
费尔认为,凡教会就必是十字架下的教会。我们看到自己是需要恩
典的可怜罪人,正如我们看到我们的同伴是需要恩典的可怜罪人。
前面已讲到,朋霍费尔曾说:"王被钉死在十字架上,他的王国必定
相当奇特。"[49]教会就是一个奇特的或者说"非凡"的国度。

复活

　　接下来探讨复活。在基督里、借着基督、向着基督而活,意味着
在基督复活这一真理的光照下生活。这里有一个词需要深思:

---

[47] *DBWE* 6:234.

[48] *DBWE* 6:234.

[49] Bonhoeffer, "The Essence of Christianity," December 11, 1928, *DBWE* 10:357.

盼望。

朋霍费尔在狱中写道:"人活着不能没有盼望,这肯定不只是句传统格言。"并且说:"一个基督徒必须要常存盼望,盼望必须要有坚实的基础……有确据的盼望带有极其伟大的能力,有盼望的生命是战无不胜的。"[50]他接着宣告:"'基督我们的盼望'——这一保罗的用语是我们生存的力量。"[51]

回顾有关《马太福音》第 2 章和希律王滥杀无辜事件的讲道,我们会想起,朋霍费尔曾怎样跟受咒诅世界的丑恶现实针锋相对。但在讲道最后,他带我们转向苦难的解决之道和生活中各种困惑的解决之道。他两次宣告说:"耶稣活着。"[52]因为耶稣活着,所以我们常存盼望。他在《伦理学》中明确宣告:"耶稣基督已经复活——这意味着上帝以他的爱与全能终结了死亡,并呼召新的被造进入生命。上帝赐下了新的生命。"[53]我们有盼望。

跟随基督意味着跟随这位道成肉身、在十字架上受死且复活的基督。我们偏向于以牺牲其中两方面为代价,专注于第三个方面。有时候,基督徒生活的不同形态会过于看重一个方面,而忽略另两个方面。如果我们只知道基督道成肉身,我们就会沦为道德主义者;如果我们只关注耶稣被钉十字架,我们就会成为苦修主义者;如

---

[50] 朋霍费尔写给埃博哈德·贝特格的信,1944 年 7 月 25 日,*LPP*,372 - 373。

[51] Ibid., 373.

[52] 朋霍费尔关于《马太福音》2:13—23 的讲道,1940 年 1 月 1 日,*DBWE* 15:494。

[53] *DBWE* 6:158.

果我们只在意复活，我们就很容易跟生命乐章中的小调（minor key）*失去共鸣。但凡我们只把注意力局限于其中一点，最终必定导致一种扭曲的基督徒生活观。我们必须严格按照圣经所启示的基督的样式领悟基督的深奥复杂性。我们在努力追随基督的时候，必须谨记所有这三个方面，缺一不可。

朋霍费尔所论证的是，当我们对道成肉身、在十架上受死且复活的基督满怀信心（当然信心是上帝的礼物），我们的信心就有爱与盼望相随。这就是在基督里的生活——因着基督而拥有信、望、爱的生活。朋霍费尔称之为**基督里的生命**（life-in-Christ/*Christusleben*）。[54]我们只有在基督里才是真正活着。"天堂在我们人类的上方被打开，上帝借着基督拯救人的喜乐信息从天上传来，如同欢欣的乐歌，响彻大地。我相信——而且因着信心，我接受基督——我拥有一切。我是在上帝面前活着。"[55]

---

* "小调"是现代音乐的调性之一，常用来表达悲伤、阴沉、恐怖的情感。"生命乐章中的小调"指人生中的苦难、艰难和忧伤。——编者注

[54] *DBWE* 6：149.

[55] *DBWE* 6：148.

文献

第五部分

我想麻烦你们接管我的一切物品。听说即使一件晚礼服也可能是需用品，就请把我的晚礼服送到需要的地方……总之，任何可能有人需要的东西都请送出去，不必多做考虑……现在还有几个请求。很遗憾，今天没有收到什么书籍；如果玛利亚把书带来，政委尚德瑞格(Sonderegger)可能会允许接收图书。若能收到书，我会非常欣喜、感恩……可以给我带些牙膏和咖啡豆吗？爸爸，你能帮我从图书馆借一下这几本书吗？裴斯泰洛齐(H. Pestalozzi)的《林哈德》(*Lienhard*)和《隐士的夜晚》(*Abendstunden eines Einsiedlers*)、纳托普(P. Natorp)的《社会教育学》(*Sozialpädagogik*)、普鲁塔克的《名人传》。[①] 我这里一切都好。你们多多保重。为所有的一切感谢你们。

　　全心爱你们的、满怀感恩的迪特里希

　　请留一些可以写字的纸张给政委！

迪特里希·朋霍费尔写给父母的信，

写自柏林奥布莱希特亲王大街 2 号，[②]1945 年

（朋霍费尔的最后一封信）

---

① 所有这几本书，只有普鲁塔克的《名人传》成功送达。他在书里写下了自己的名字和地址，在从奥布莱希特亲王大街(Prinz-Albrecht-Strasse)被转移到布痕瓦尔德，随后到福罗森堡之前，他把这本书留在了牢房里。奇妙的是，这本书后来从柏林所有的混乱中辗转回到了朋霍费尔的家中。

② 这是盖世太保总部。朋霍费尔被囚禁在那里的地牢。

第十章　阅读朋霍费尔

一个学生如果不想自己的工作徒劳无果，他就应当去阅读且反复阅读那些大师的作品，直到书的作者深入他心，就像融入了他的血肉里那样。

——马丁·路德，
《桌边谈话录》，1533 年

我忠实地尝试阅读他的书籍，从《圣徒相通》的第一页开始。当我承认自己十分受挫时，他反倒彻底被逗乐了。他说那时他正全神贯注于《团契生活》，希望我等他在我身边的时候再读那本《圣徒相通》。

——玛利亚·冯·魏德迈

很多朋霍费尔的照片都很吸引人。其中有一张是他与孪生妹妹莎宾并排坐着照的，那是二战前夜在她妹妹伦敦家中后院里的留影；还有一张是在泰格尔监狱的院子里，他的袖子挽起来，手里拿着一本书；另外一张是他打乒乓球时的留影，大概是由于对手并不够强，他一只手拿球拍，另一只手斜插在衣服口袋里——所有这些照片都使我们更加贴近朋霍费尔。不过我对某张照片的珍视与日俱增,它是朋霍费尔许多海边留影中的一张。照片里,朋霍费尔双手合握绕搭在盘坐的两膝上,周围是跟他一起席地而坐的学生。其中一位是"身份不太清楚的瑞典学生",手里是打开的笔记本和笔。其他人都是德国学生,都在专心倾听。朋霍费尔正在投入地讲着。其中有位叫英格·卡尔丁的学生后来回忆说:"从一开始他就教导我们,一定要读圣经,因为圣经就是上帝直接对我们说的话。"①

这幅独特的照片令我难以忘怀,因为我也是一名老师。尽管对我而言要出现同样的场景得前去千里之外的海滩,但我知道这照片实在表达了我的职业理想。照片尤为吸引我的另外一个原因是我想我会非常享受坐着听朋霍费尔讲课,尤其是在海滩上。此外,还有一件美好的事,就是读他的书。

埃博哈德·贝特格深知跟朋霍费尔花时间相处是怎样的体验。当他们分别被关进纳粹的不同监狱时,他们仍然设法通过书面文字彼此同行。贝特格在其中一封信里说:"当我的思想严重结晶固化,每次你都会过来搅动它们,于是它们就能展现出一种新的秩序,并再次使我的眼睛得以看见那将至的崭新、可喜悦、激动人心的景象。"②

下面我们来看看,在朋霍费尔自己的作品以及谈论他的作品里,他有着怎样的搅动事物的力量。

---

① 源自英格·卡尔丁与马丁·道博梅尔的一次对谈,转引自 Eric Metaxas, *Bonhoeffer*: *Pastor*, *Martyr*, *Prophet*, *Spy*(Nashville: Thomas Nelson, 2010), 129。
② 埃博哈德·贝特格写给朋霍费尔的信,1944 年 9 月 21 日,*DBWE* 8:541。

朋霍费尔的著作：入门阅读

朋霍费尔的《团契生活》，很可能是开始阅读他作品的最好起点，这本书篇幅不长，但内容翔实又富有挑战性。其次，我会推荐《狱中书简》。这本书方便即时地快速通读，但时不时地做些翻阅更能受益良多，会是一种十分值得采纳的方式。第三本，《迪特里希·朋霍费尔讲道集》(*The Collected Sermons of Dietrich Bonhoeffer*)，是从朋霍费尔的著作中选出三十一篇讲道汇集而成。随后是，《作门徒的代价》，如我们所知，这本书被视为经典是有原因的。之后，可以转换到一本篇幅较小的作品《默想十架》(*Meditations on the Cross*)。这本书简明扼要地提供了朋霍费尔数十年来所有著作中的深刻洞见与思考。除了上面五部重要作品外，还有一部额外馈赠，就是那本未能最终封笔的杰作《伦理学》。请注意，读这本书的时候，最好一次只精读消化其中一段内容。如果纯粹从难度级别来看，这本书接近等级最难的第十级，但它是理解朋霍费尔主要思想的必读内容。下面是这五部著作及一部额外馈赠的清单：

《团契生活》，有两个英文版本：由乔恩·多贝斯泰因 (Jon W. Doberstein) 翻译，San Francisco：HarperOne，1954，1978；以及 DBWE 5, *Life Together* and *Prayerbook of the Bible*，Minneapolis：Fortress，1996。

《狱中书简》，由埃博哈德·贝特格编辑，New York：

Simon & Schuster，1997。

《迪特里希·朋霍费尔讲道集》，由伊莎贝尔·贝斯特（Isabel Best）编辑，Minneapolis：Fortress，2012。

《作门徒的代价》，有两个英文版本：由富勒（R. H. Fuller）翻译，New York：Simon & Schuster，1995；以及 *DBWE* 4，*Discipleship*，Minneapolis：Fortress，2001。

《默想十架》，由曼弗雷德·韦伯（Manfred Weber）编辑，道格拉斯·斯科特（Douglas W. Stott）翻译，Louisville：Westminster John Knox，1998。

以及，对坚固心灵的额外馈赠：

《伦理学》，有两个英文版本：由内维尔·霍顿·史密斯（Neville Horton Smith）翻译，New York：Simon & Schuster，1995；以及 *DBWE* 6，*Ethics*，Minneapolis：Fortress，2005。

朋霍费尔的著作：进深阅读

上面六本书之后，接着可以阅读的是《每日默想：与迪特里希·朋霍费尔同行 365 天》（*A Year with Dietrich Bonhoeffer：Daily Meditations from His Letters，Writings，and Sermons*），由卡拉·

巴希尔（Carla Barnhill）编辑（San Francisco：HarperOne，2005）。
同样重要的另一本书是，《迪特里希·朋霍费尔圣诞讲道》（*Dietrich
Bonhoeffer's Christmas Sermons*），由埃德温·H. 罗伯森（Edwin
H. Robertson）编辑（Grand Rapids：Zondervan，2005）。最后是一
本小书，《对圣经的思考：人的话与上帝的话》（*Reflections on the
Bible：Human Word and Word of God*），由曼弗雷德·韦伯
（Manfred Weber）和尤金·M. 博林（Eugene M. Boring）翻译
（Peabody，MA：Hendrickson，2002），这本小书为了解朋霍费尔的
圣经论提供了各类文本。

还有一本有助益的大作，编选自朋霍费尔的多部作品，《对自由
的见证：迪特里希·朋霍费尔重要著作集》（*A Testament to Free-
dom：The Essential Writings of Dietrich Bonhoeffer*），由杰弗里·
凯利和 F. 波顿·纳尔逊（F. Burton Nelson）编辑（San Francisco：
HarperOne，1995）。

对于忠实读者，则可以继续阅读朋霍费尔的作品集系列，即英
文版十六卷《迪特里希·朋霍费尔著作集》，涵盖了朋霍费尔的所
有学术性著作，内容完整，附加了介绍性的论文、大量的注释，以及
辅助阅读的文字后记，还包括事件年表、卷内的著作名称、全部参
考书目，以及人名索引（包括作品中出现人物的简短介绍）。除了第
十四卷，其他都已经出版，而第十四卷《芬根瓦得的神学教育：
1935—1937 年》（*Theological Education at Finkenwalde：1935 -
1937*）也即将出版。对于真正的"忠实爱好者"，建议你：学德

语——如果你还不懂这门语言的话——然后就能直接阅读原文，即德文版十六卷《迪特里希·朋霍费尔著作集》（*Dietrich Bonhoeffer Werke*）。

这里我还想推荐一部已经绝版的作品。《狱中书简》并没有包含朋霍费尔的所有信件，也就是说，并不是他和未婚妻玛利亚之间所有的往来书信都涵盖其中。要想阅读这些未出现在《狱中书简》里的内容，则需要阅读《92号牢房的情书：迪特里希·朋霍费尔和玛利亚·冯·魏德迈的书信》（*Love Letters from Cell 92：The Correspondence between Dietrich Bonhoeffer and Maria von Wedemeyer，1943-1945*，Nashville：Abingdon，1995），由鲁思-爱丽丝·冯·俾斯麦（Ruth-Alice von Bismarck）和乌里奇·卡彼茨（Ulrich Kabitz）编辑。

研究朋霍费尔的著作：入门阅读

一本读起来令人愉悦，也方便放在咖啡桌上随时简单浏览的书是《迪特里希·朋霍费尔画传》（*Dietrich Bonhoeffer：A Life in Pictures*），由瑞娜·贝特格（Renate Bethge）和克里斯汀·格莱梅斯（Christian Gremmels）编辑。埃博哈德·贝特格的太太瑞娜是朋霍费尔的外甥女。这本书图文并茂，使读者能够近距离地接触到朋霍费尔的生活。随后，我要推荐埃里克·梅塔萨斯的《朋霍费尔：牧师、殉道者、先知、间谍》。这本书文笔简洁流畅，带领我们走过朋霍费尔的一生。读完梅塔萨斯的这本书后，几乎不可能不受到影响或

挑战。另外一本帮助我们了解朋霍费尔生活的书是保罗·巴兹
（Paul Barz）的《我是朋霍费尔：可信的人生》（*I Am Bonhoeffer：A Credible Life*）。这是一部小说，但作者深入研究过朋霍费尔，并且得到研究朋霍费尔的学者们很高的赞誉。书中对朋霍费尔离世后玛利亚·冯·魏德迈的遭遇所作的记述，令人动容。再就是《迪特里希·朋霍费尔的一生：殉道者、思想家、斗士》（*Dietrich Bonhoeffer 1906 - 1945：Martyr，Thinker，Man of Resistance*），作者是费迪南·施林辛朋（Ferdinand Schlingensiepen）。相比梅塔萨斯的那本传记，朋霍费尔学会的人会更喜欢这一本，但它们的阅读体验会相当不同。

最后要说的是一本超过千页的传记，由埃博哈德·贝特格编辑。如果你时间充裕，那么这本书就是为你预备的。它包括有关朋霍费尔的几乎是逐月推进的详细生活记载，信息来自朋霍费尔在芬根瓦得的学生、入狱后的主要通信人，以及前面提到的他外甥女的丈夫。贝特格把自己全部的职业生涯都用在了监管朋霍费尔的文学遗产，所以这本传记也可以说是贝特格自己的遗产。作品恢弘盛大，富有吸引力，深具价值，被称为传记作品中的巅峰之作。

以下是前五部作品清单：

《迪特里希·朋霍费尔画传》，瑞娜·贝特格和克里斯汀·格莱梅斯编辑，Minneapolis：Fortress，2005。

埃里克·梅塔萨斯，《朋霍费尔：牧师、殉道者、先知、

间谍》,Nashville：Thomas Nelson，2010。

保罗·巴兹,《我是朋霍费尔：可信的人生》,Minneapolis：Fortress，2006。

费迪南·施林辛朋,《迪特里希·朋霍费尔的一生：殉道者、思想家、斗士》,London：T&T Clark，2011。

埃博哈德·贝特格,《迪特里希·朋霍费尔传》(*Dietrich Bonhoeffer：A Biography*),扩增版,Minneapolis：Fortress，2000。

研究朋霍费尔的著作：进深阅读

马丁·马蒂(Martin Marty)贡献了一本令人欣喜的作品,《迪特里希·朋霍费尔的"狱中书简"：一部传记》(*Dietrich Bonhoeffer's "Letters and Papers from Prison"：A Biography* [Princeton University Press，2011]),这本书隶属于一套宗教生活丛书,这套丛书的策划十分巧妙。如果要对朋霍费尔的思想进行综合探讨,莎宾·达姆(Sabine Dramm)的《迪特里希·朋霍费尔思想导论》(*Dietrich Bonhoeffer：An Introduction to His Thought* [Grand Rapids：Baker Academic，2007])定会很有帮助。克瑞格·J.斯莱恩(Craig J. Slane)更关注朋霍费尔的生活,关注他对刺杀希特勒的密谋行动的争议性参与,特别是透过对芬根瓦得经验的观察分析,书名是《殉道者朋霍费尔：社会责任与现代基督徒的委身》

（*Bonhoeffer as Martyr*：*Social Responsibility and Modern Christian Commitment*［Grand Rapids：Brazos，2004］）。约翰·马休斯(John W. Matthews)的《焦虑灵魂之问：迪特里希·朋霍费尔基督中心的灵性》(*Anxious Souls Will Ask*：*The Christ-Centered Spirituality of Dietrich Bonhoeffer*［Grand Rapids：Eerdmans，2005］)，虽然是一本较薄的小书，却可以帮助我们了解朋霍费尔先知般的生活，也反过来挑战我们在自己的文化中站立在先知的职分上。马克·德瓦恩(Mark Devine)的《今天朋霍费尔仍然说话：付上全部代价跟随基督》(*Bonhoeffer Speaks Today*：*Following Jesus at All Costs*［Nashville：Broadman & Holman，2005］)，是一本很好的学习朋霍费尔的生活并能应用于今天教会生活的书。除了这些书以外，还有一部十分有帮助的论文集，由基斯·L.约翰逊(Keith L. Johnson)和提摩太·拉森(Timothy Larsen)编辑，《朋霍费尔、基督与文化》(*Bonhoeffer，Christ and Culture*［Downers Grove，IL：IVP Academic，2013］)，这些论文出自惠顿神学会议(Wheaton Theology Conference)，旨在探讨朋霍费尔的神学思想与遗产。

这里我要推荐另外一部已经绝版的作品，作者是沃尔夫-迪特尔·茨摩曼(Wolf-Dieter Zimmermann)和罗纳德·格莱戈·史密斯(Ronald Gregor Smith)，书名是《我认识迪特里希·朋霍费尔》(*I Knew Dietrich Bonhoeffer*［San Francisco：Harper & Row，1966］)。这是一部纪念朋霍费尔的作品集，记录了朋霍费尔以前的学生、同事和亲戚关于他的生活和思想的一系列回忆。

与朋霍费尔有关的电影作品

除了书籍外，也可以在关于朋霍费尔的电影上花些时间。马丁·道博梅尔为纪念朋霍费尔百年诞辰制作了一部长篇纪录片《朋霍费尔》(*Bonhoeffer*, Journey Films, 2006)。其他还有几部纪录片，包括：《挂在扭曲的十字架上：迪特里希·朋霍费尔的人生、信仰和殉道》(*Hanged on a Twisted Cross：The Life, Convictions, and Martyrdom of Dietrich Bonhoeffer*)，由摩汉(T. N. Mohan)导演，爱德·阿斯纳(Ed Asner)旁白(Lathika International Film, 1996)；《迪特里希·朋霍费尔：回忆与透视》(*Dietrich Bonhoeffer：Memories and Perspectives*, Vision Video/Trinity Films, 1983)。除了纪录片外，还有一部关于朋霍费尔的电影：《朋霍费尔：恩典的使者》(*Bonhoeffer：Agent of Grace*, Vision Video, 2000)。

荒岛必读五书

《团契生活》

《迪特里希·朋霍费尔讲道集》

《伦理学》

《迪特里希·朋霍费尔画传》

《朋霍费尔：牧师、殉道者、先知、间谍》

　　请不要焦急,也不要为我担忧,但不要忘记为我祷告——
我相信你们不会忘记。我何等确信,上帝的手在一直引领着
我,愿我一直持定这确据。你们千万不可怀疑,在这条被上帝
带领的征途上,我的人生充满了感恩和喜乐。我的人生满溢着
上帝的美善,我的罪已被基督十字架上的赦罪之爱涂抹遮盖。
我深深感谢我遇到的人们,我唯一的盼望,是他们永远不要为
我悲伤,而是一直坚信上帝的怜悯和赦罪,并为此感恩。

——迪特里希·朋霍费尔,

写自泰格尔监狱,1944 年 8 月 23 日

附录 A　朋霍费尔生平年表

1906 年	2 月 6 日在柏林出生;
1923—1924 年	神学学习,柏林图宾根(Tübingen);前往意大利和北非旅行;
1927 年	获得第一个博士学位;写作《圣徒相通》;
1928 年	在巴塞罗那服侍;
1930 年	获得第二个博士学位;取得大学教授资格;写作《行动与存有》(Act and Being);
1930—1931 年	在纽约协和神学院学习;在哈莱姆服侍;遍访美国和古巴;
1931—1932 年	在柏林大学讲课,包括朋霍费尔离世后,根据学生们的上课笔记整理以《基督是中心》为名出版的关于基督的课程,和 1933 年出版的讲座系列《创造与堕落》(Creation and Fall);
1933 年	在认信教会工作初期;起草《伯特利信条》初稿和 8 月版;10 月开始在伦敦服侍;
1934 年	春季为了他在教会普世合一运动中的工作从伦敦回国;8 月参加法诺会议(Fanø conference);11 月短暂返回伦敦;
1935 年	开办传道人神学院(preacher's seminary),成为认信教会的地下神学院,地点先在岑斯特,后移至芬根瓦得;
1936 年	在柏林大学的执教资格被盖世太保吊销;继续在芬根瓦得神学院授课和服侍;出版《作门徒的代价》;

1937 年	盖世太保关闭芬根瓦得神学院,二十七名学生被捕;朋霍费尔在波美拉尼亚地区开始了牧师团的工作;1938 年,写作《团契生活》;继续牧师团的工作;
1939 年	去美国;决定返回德国;继续牧师团的工作;
1940 年	盖世太保关闭了在科斯林(Koslin)和西古德所(Sighurdsof)的牧师团场所;受到姐夫汉斯·冯·杜南伊的鼓励加入阿博维尔(军事情报机关);被盖世太保禁止"在公共场合发表言论"或写作;开始写作《伦理学》;
1941 年	在阿博维尔的工作包括大量旅行,同时服侍认信教会;写作《伦理学》;书写报告"7 号行动"(Operation 7),即犹太人从柏林和其他城市被驱逐流放的报告;
1942 年	在阿博维尔的工作包括大量旅行,同时服侍认信教会;与玛利亚·冯·魏德迈见面,11 月打算与马利亚订婚;
1943 年	1 月订婚;4 月 5 日被盖世太保抓捕,羁押于泰格尔监狱;开始狱中写作(包括信件、诗歌、小说,继续写作《伦理学》);
1944 年	在泰格尔监狱等待审判期间,继续狱中写作;7 月 20 日,瓦尔基里密谋失败;9 月,佐森档案被发现;被转移至柏林盖世太保总部的地牢,位于奥布莱希特亲王大街,写作完全受限;
1945 年	2 月 7 日(39 岁生日后第二天)被转移至布痕瓦尔德集中营,后又押往雷根斯堡;4 月 5 日希特勒签署死刑令;4 月 8 日移至福罗森堡;4 月 9 日在福罗森堡集中营被执行绞刑。①

192

---

① 更详细的时间表,参见英文版《朋霍费尔著作集》各卷附录,内有每卷所跨时间段的大事年表。

附录 B　朋霍费尔生活观概述

在基督里
基督论

基督号向的门徒：
活在道成肉身、被钉十架并复活的主里面，并向主而活

道成肉身
• 培养谦卑和信靠
• "入世的门徒"

被钉十架
• 在十架下，出于十架而活
• 蒙救免和赦免他人
• 在上帝的恩典、怜悯和爱里活
• 理解和拥抱受苦

复活
• "耶稣活着，我有盼望。"
• 与基督一同复活

源自十架

在团契里
教会论

教会－团契

祷告
• 独自祷告
• 共同祷告，各人重担彼此分担

圣经
• 传讲和宣读圣言
• 阅读、顺服和活出圣言

认信
• 教授神学，与神学角力
• 按神学而活

圣礼
• 洗礼和圣餐滋养生命，是恩典的媒介

在爱里
伦理观

跟随基督

爱三一上帝

爱我们的邻舍／活在此世

向着老我死去，与基督一同复活

从奴仆到真我之自由，服侍人之自由

当我们活在此世……
"四项托付"
• 工作
• 婚姻
• 政府
• 教会

为这世界

索引

（索引中的页码为原书页码，即本书边码）

经文索引

图书在版编目(CIP)数据

朋霍费尔的人生智慧/(美)尼克尔斯(Stephen Nichols)著;
金笑慧译. —上海:上海三联书店,2023.7
ISBN 978－7－5426－6231－6

Ⅰ.①朋… Ⅱ.①尼…②金… Ⅲ.①朋霍费尔(Bonhoeffer,
Dietrich 1906－1945)—人物研究 Ⅳ.①B979.951.6

中国版本图书馆 CIP 数据核字(2018)第 038513 号

朋霍费尔的人生智慧

著　　者 / 史蒂芬·尼克尔斯
译　　者 / 金笑慧
丛书策划 / 橡树文字工作室
特约编辑 / 刘　峣
责任编辑 / 邱　红　陈泠坤
装帧设计 / 徐　徐
监　　制 / 姚　军
责任校对 / 王凌霄

出版发行 / 上海三联书店
　　　　　(200030)中国上海市漕溪北路 331 号 A 座 6 楼
邮　　箱 / sdxsanlian@sina.com
邮购电话 / 021－22895540
印　　刷 / 上海盛通时代印刷有限公司

版　　次 / 2023 年 7 月第 1 版
印　　次 / 2023 年 7 月第 1 次印刷
开　　本 / 890 mm × 1240 mm　1/32
字　　数 / 190 千字
印　　张 / 9.625
书　　号 / ISBN 978－7－5426－6231－6/B·562
定　　价 / 63.00 元

敬启读者,如发现本书有印装质量问题,请与印刷厂联系 021－37910000